A escola para todos e para cada um

CIP-BRASIL. CATALOGAÇÃO NA PUBLICAÇÃO
SINDICATO NACIONAL DOS EDITORES DE LIVROS, RJ

E73

A escola para todos e para cada um / organização Augusto Galery. – São Paulo : Summus, 2017.
176 p. : il.

Inclui bibliografia
ISBN 978-85-323-1078-1

1. Educação – Brasil. 2. Educação inclusiva. 3. Inclusão escolar. I. Galery, Augusto.

17-44034   CDD: 371.94
                                 CDU: 376.43

www.summus.com.br

Compre em lugar de fotocopiar.
Cada real que você dá por um livro recompensa seus autores
e os convida a produzir mais sobre o tema;
incentiva seus editores a encomendar, traduzir e publicar
outras obras sobre o assunto;
e paga aos livreiros por estocar e levar até você livros
para a sua informação e o seu entretenimento.
Cada real que você dá pela fotocópia não autorizada de um livro
financia o crime
e ajuda a matar a produção intelectual de seu país.

A escola para todos e para cada um

AUGUSTO GALERY (ORG.)

summus
editorial

A ESCOLA PARA TODOS E PARA CADA UM
Copyright © 2017 by Augusto Galery
Direitos desta edição reservados por Summus Editorial

Editora executiva: **Soraia Bini Cury**
Assistente editorial: **Michelle Neris**
Capa: **Santana**
Imagem de capa: **Dreamstime**
Diagramação: **Crayon Editorial**
Impressão: **Sumago Gráfica Editorial**

Summus Editorial

Departamento editorial
Rua Itapicuru, 613 – 7º andar
05006-000 – São Paulo – SP
Fone: (11) 3872-3322
Fax: (11) 3872-7476
http://www.summus.com.br
e-mail: summus@summus.com.br

Atendimento ao consumidor
Summus Editorial
Fone: (11) 3865-9890

Vendas por atacado
Fone: (11) 3873-8638
Fax: (11) 3872-7476
e-mail: vendas@summus.com.br

Impresso no Brasil

Sumário

PREFÁCIO 7
José Pacheco

INTRODUÇÃO 9

1 ESCOLA CONTEMPORÂNEA: UM SAPATO PESADO? 13
Edith Rubinstein

2 O QUE É (E O QUE NÃO É) INCLUSÃO 31
Augusto Galery

3 A LEI NA PERSPECTIVA DA INCLUSÃO 41
Augusto Galery

4 A MEDICALIZAÇÃO NA EDUCAÇÃO 55
Patrícia Vieira

5 A CONSTITUIÇÃO DO SUJEITO E SUA IMPORTÂNCIA NA EDUCAÇÃO 63
Patrícia Vieira

6 DESENVOLVIMENTO, APRENDIZAGEM E AVALIAÇÃO NA PERSPECTIVA
DA DIVERSIDADE 73
Deigles Giacomelli Amaro

7 A DIVERSIDADE NAS QUESTÕES COM O APRENDER 85
Andreia Pinto

8 TRANSFORMAR E INOVAR PARA UMA ESCOLA PARA TODOS 115
Edith Rubinstein

9 PRÁTICAS EDUCACIONAIS ARTICULADAS PARA O DESENVOLVIMENTO
E O APRENDIZADO DOS ALUNOS 149
Deigles Giacomelli Amaro

10 TECNOLOGIA ASSISTIVA E AJUDAS TÉCNICAS 161
Augusto Galery

Prefácio

NÃO É NOVIDADE PARA ninguém que os projetos humanos contemporâneos não se coadunam com as práticas escolares que ainda temos. Eles carecem de um novo sistema ético e de uma matriz axiológica clara, baseada no saber cuidar e na convivência com a diversidade. Requerem que abandonemos estereótipos e preconceitos; exigem a transformação de uma escola obsoleta numa instituição de oportunidades amplas de ser e de aprender. Urge humanizar a educação, concebendo novas construções sociais de aprendizagem nas quais se concretize a educação integral – além de constituir redes de aprendizagem que promovam desenvolvimento humano sustentável.

Diz-nos Maturana que a educação acontece na convivência. Se a modernidade tende a remeter-nos para uma ética individualista, nunca será demais falar de diálogo e participação como condições de aprendizagem. As escolas carecem de compreender suas necessidades e, acima de tudo, a figura do professor. Não há inclusão na solidão do professor em sala de aula. Nem na do aluno, metade do dia enfileirado, vigiado, impedido de dialogar com o colega ao lado, e a outra metade diante do televisor, de uma tela de computador ou de um celular. A inclusão depende da solidariedade exercida em equipes educativas e só tem sentido no quadro de um projeto local de desenvolvimento consubstanciado numa lógica comunitária, algo que pressupõe uma profunda transformação cultural.

O professor deve sair de si (necessidade de se conhecer); sair da sala de aula (necessidade de reconhecer o outro); sair da escola (necessidade de compreender o mundo). Porque o *ethos* organizacional de uma escola depende da sua inserção social, de relações de proximidade com os outros atores da sociedade.

Também é requisito de inclusão o reconhecimento da imprevisibilidade de que se reveste todo ato educativo nas dimensões cognitiva, afetiva, emocional, física e sociomoral.

Já na Grécia de milhares de anos atrás, havia quem acreditasse que os seres humanos eram capazes de buscar – em si próprios e em outros – a perfeição. Talvez por isso, Augusto Galery e seus companheiros, neste livro, insistam em enfocar a realidade com olhos que veem muito além da aparência das coisas.

Partindo de experiências práticas e de pesquisas de ponta, os autores apresentam ideias e caminhos para a verdadeira inclusão.

Bem hajam!

José Pacheco
Educador, pedagogo e pedagogista, mestre em
Ciências da Educação pela Faculdade de Psicologia e
de Ciências da Educação da Universidade do Porto

Introdução

No INÍCIO DO SEGUNDO semestre de 2015, Edith encontrou Andreia, Augusto, Deigles e Patrícia para que, juntos, pudessem organizar e realizar um curso para professores e outros profissionais que atuavam diretamente nas escolas. Ela estava muito inquieta e movida pela inconformidade de atender, em sua clínica psicopedagógica, tantos adolescentes e crianças trazidos pelos pais ou indicados por médicos ou pela escola para que alguma coisa fosse feita – de preferência, um "milagre" – e eles pudessem finalmente "aprender".

"Mas, ora, a escola não é um espaço institucional para aprender?" Essa é uma das primeiras questões que surgem quando se reflete sobre várias situações observadas no cotidiano escolar. Outras perguntas, tidas como fio condutor das necessidades formativas no curso que foi chamado de "Escola para todos e para cada um", eram:

- Por que se observa a necessidade de diagnosticar e medicalizar tantas crianças e adolescentes para justificar uma "não aprendizagem do aluno"?
- Que aprendizagem esperada é essa que não acontece na escola?
- Por que o aluno[1] não é considerado sujeito nem respeitado em suas necessidades de aprendizagem?
- Quem são os alunos de "inclusão" e por que eles, muitas vezes, são considerados "vasos" na escola?

---

[1]. Usaremos o gênero masculino nos capítulos deste livro para designar alunos, educandos e professores, a fim de que a leitura seja mais fluida. Entretanto, enfatizamos que o gênero feminino está presente o tempo todo.

- O que pode ser feito para que isso não aconteça?
- Inclusão diz respeito apenas aos alunos "com problemas", deficiências ou transtornos?
- O que a legislação educacional prevê a fim de atender a todos num sistema inclusivo?
- Que práticas educacionais têm sido realizadas para atender aos alunos que não reagem de acordo com o "esperado para a maioria"?
- Como se compreendem o desenvolvimento e a aprendizagem e o processo de avaliação na escola?
- Como se dá a mediação nos processos de aprendizagem?
- A diversidade de tempo, espaço, materiais, objetos e procedimentos tem sido considerada?
- Que recursos e procedimentos podem ser utilizados para favorecer a remoção de barreiras à aprendizagem?
- Por que a escola é, ainda, um "sapato pesado"?

Logo no início de nosso trabalho, percebemos que todos os temas que vínhamos desenvolvendo precisavam ser objeto de estudo e reflexão dos envolvidos em contextos educacionais e poderiam ser organizados em textos – e, por que não, em um livro. Augusto logo idealizou essa possibilidade, que foi muito bem-aceita por todos nós, professores.

Assim nasceu este livro, que recebeu o mesmo nome do curso por entendermos que *a escola para todos é um direito universal de qualquer criança e adolescente*, que só será garantido se ela se voltar para cada aluno.

Os textos que aqui se encontram foram subsidiados por estudos e experiências profissionais de cada um de nós, alimentados pela genuína intenção de contribuir para que tenhamos crianças, adolescentes, jovens, adultos... sujeitos que aprendam na escola com prazer, alegria e sentido – tendo ou não deficiência, transtorno ou qualquer outra privação cultural e/ou social.

Nossas preocupações sobre como a escola tem sido um fardo para o estudante levou Edith Rubinstein a escrever o capítulo

"Escola contemporânea: um sapato pesado?" No texto, ela reflete sobre as práticas que produzem um desconforto excessivo dos alunos diante da educação, contrapondo tais práticas com uma visão que poderia originar uma escolarização democrática. Em seguida, Augusto Galery busca mostrar, no capítulo "O que é (e o que não é) inclusão", os paradigmas que influenciam a visão da sociedade na participação de seus cidadãos, explorando as diferenças entre exclusão, segregação, integração e inclusão para esclarecer por que os três primeiros modelos não garantem uma escola para todos e para cada um.

Esse foi o caminho adotado na legislação e nas políticas públicas nacionais de educação, tema discutido no capítulo seguinte, "A Lei na perspectiva da inclusão", em que Augusto analisa a importância da política nacional como ponto de referência de práticas e na aceitação da diferença em nível psicossocial.

No capítulo "A medicalização na educação", Patrícia Vieira reflete sobre uma das consequências do paradigma médico na compreensão dos distúrbios escolares, discutindo a subordinação da escola à lógica médica.

Já em "A constituição do sujeito e sua importância na educação", Patrícia resgata a teoria psicanalítica de desenvolvimento para possibilitar uma prática mais próxima do sujeito aprendente, fazendo-nos refletir sobre o papel do investimento do professor em seus alunos e seus impactos nas possibilidades pedagógicas.

Em "Desenvolvimento, aprendizagem e avaliação na perspectiva da diversidade", Deigles Amaro, com base em autores como Piaget, Vigotski, Wallon, Winnicott e Freud, afirma que o processo de construção cognitiva acontece quando o sujeito se apropria da aprendizagem e participa ativamente desse processo. A diversidade só será respeitada, nesse sentido, quando o estudante se tornar parte atuante da aprendizagem.

Diversidade também é o tema de Andreia Pinto, no capítulo "A diversidade nas questões com o aprender". Utilizando o jogo e a Experiência de Aprendizagem Mediada (EAM) como ferramentas no trabalho em sala de aula, a autora apresenta dois estudos de caso cuja mediação e flexibilização de materiais e procedimentos contribuem para identificar aspectos significativos no ensino e na aprendizagem.

Repensar a escola por meio de propostas inovadoras, questionando e ressignificando práticas e conteúdos – como a avaliação e o uso da criatividade – é a proposta do capítulo "Transformar e inovar para uma escola para todos", de Edith. A autora aprofunda o conceito de experiência de aprendizagem mediada de Feuerstein para apoiar o educador que aceita o desafio de explorar a diversidade em prol da educação.

Em seguida, Deigles aborda as relações entre o conteúdo curricular e o significado da educação para os sujeitos aprendentes, o que significa respeitar os estudantes e ser flexível. No capítulo "Práticas educacionais significativas para o desenvolvimento e o aprendizado dos alunos", a autora propõe investir nas relações com as pessoas, com o espaço, com o tempo, com os objetos/materiais e com as atividades para favorecer o desenvolvimento de novas práticas educacionais.

Por fim, no capítulo "Tecnologia assistiva e ajudas técnicas", Augusto discute como a tecnologia assistiva pode ser adotada nas escolas a fim de facilitar as relações de comunicação entre estudantes com necessidades específicas, seu processo de aprendizagem e a comunidade escolar.

Os capítulos que compõem esta obra são autônomos mas, ao mesmo tempo, complementares. Afinal, tratam de vários aspectos que precisam ser articulados quando intencionamos uma escola para cada aluno. Convidamos o leitor a se "afetar" ao ler cada linha e a se mobilizar para que o sentido de escola para todos e para cada um seja vivido, de fato, nas escolas.

Com muito carinho,

Os autores

1. Escola contemporânea: um sapato pesado?

Edith Rubinstein

INTRODUÇÃO

MINHA REFLEXÃO VISA APROXIMAR-SE do tema "a escola para todos e cada um" por meio do desconforto excessivo que o estudante enfrenta diante da escolarização. Numa conversa ocasional e coloquial recente, a mãe de uma paciente atendida dez anos atrás, quando tinha 7 anos, disse lembrar-se do que eu havia lhe dito na ocasião: "A escola não deve ser um sapato pesado".

Pessoalmente, considero esse tipo de desconforto responsável pela "fabricação" de parte significativa das dificuldades de aprendizagem, bem como dos conflitos presentes na relação entre família e escola.

Falo agora como psicopedagoga e terapeuta familiar que lida cotidianamente com as questões do aprender no contexto da escolarização e fora dele. Hoje, transito em três espaços: clínico; didático, na formação continuada de profissionais e institucional. Em todos eles, tenho tido a oportunidade de escutar questões direta e indiretamente envolvidas com o aprender e a escolarização. Esse percurso privilegiado favorece a construção de um "laboratório de escuta" dos possíveis desafios e conflitos que podem em parte explicar o modelo de "escola: sapato pesado".

Uma ressalva importante: é preciso distinguir o "desconforto excessivo" que relaciono com o título da minha reflexão do desconforto pertinente ao processo de escolarização. Esta demanda dois movimentos: resignação e ressignificação (Fernandez, 1990;

Paín, 1985a, 1985b). Para aprender, é preciso resignar-se, isto é, aceitar o esforço; suportar frustrações; reconhecer a demanda do outro; postergar as satisfações; aceitar ter de recomeçar. Mas, sobretudo, é preciso também ressignificar simbolicamente a resignação e o desconforto. Resignar e ressignificar são duas faces de uma "moeda de troca" para o almejado amadurecimento mental humano, o qual independe da idade cronológica.

Escolho três temas para refletir a respeito da escola "sapato pesado": 1) condições para a aprendizagem humana; 2) condições para uma escolarização funcional; 3) possíveis razões para explicar a característica de "sapato pesado" da escola.

CONDIÇÕES PARA A APRENDIZAGEM HUMANA

Aprender é parte da condição humana, é seu órgão de sobrevivência, como diz a psicanalista e psicopedagoga Sara Paín. Diferentemente dos animais, que já trazem no organismo as condições de sobrevivência necessárias, os humanos precisam aprender com outros mais experientes as regras e condições para dominar a natureza.

Trocmé (2005, p. 13), linguista francesa, prefere o termo "saber-aprender" a "aprender a aprender" para sublinhar o fato de que "nascemos para aprender", pois "o ser humano é dotado, ao nascer (e mesmo antes de nascer), de um potencial de aprendizagem, ou seja, de adaptação e de organização". Ela analisa metaforicamente a condição humana de "ser perguntador/questionador". Aprender se relaciona com o não saber, mediante o questionar.

A condição de aprender para sobreviver, aparentemente natural, demanda uma relação afetiva com outro ser humano, que transmite uma tradição e as ferramentas para fazer laços sociais. Essa relação auxilia o sujeito da aprendizagem a transitar pelos desafios da vida com mais tranquilidade, apesar do mal--estar próprio da experiência de viver em sociedade. Paín

(1996, p. 15) considera o aprender uma condição de fortalecimento do sujeito:

> O sujeito não é sujeito até que conheça. É sujeito porque conhece, e é
> sujeito a esse conhecimento... Permitir à criança apropriar-se de um
> conhecimento é permitir-lhe fortificar seu ego, na medida em que ela
> pode se constituir em uma personalidade mais segura, mais dominante e
> mais responsável.

Acrescento aqui um conceito que chamarei de "matriz da
aprendizagem", baseado na consideração das quatro estruturas
para aprender propostas por Paín, (1985b, p. 5): *corpo, organismo, estrutura simbólica* e *inteligência*. Segundo a autora, o corpo,
diferentemente do organismo, é atravessado pela subjetividade e
pela cognição. Não é preciso ser terapeuta para notar como uma
criança manifesta seu interesse ou sua apatia por meio do corpo.
A cognição é apenas uma das ferramentas que usamos para lidar
com os desafios; porém, sozinha, sem o desejo e o interesse componentes da estrutura simbólica, ela não é suficiente. Os transtornos de aprendizagem têm componentes orgânicos, mas é
preciso considerar a matriz da aprendizagem como um todo, da
qual o organismo é apenas uma das partes. Nem sempre a presença de questões orgânicas compromete a aprendizagem.

CONDIÇÕES PARA UMA ESCOLARIZAÇÃO FUNCIONAL

A escola está pronta para considerar as condições necessárias à
aprendizagem humana? Possivelmente não, pois ela sempre este-
ve mais atenta às metodologias e didáticas usadas na transmissão
de conteúdos acadêmicos. A psicopedagogia veio contribuir para
a ampliação do olhar para o sujeito desejante e cognitivo e para
seu desenvolvimento psíquico. Levanto algumas questões que
poderiam nortear as práticas escolares:

1. Como lidar com a responsabilidade de contribuir para o fortalecimento do ego do sujeito da aprendizagem?
2. Como lidar com as diferenças de ritmo, de condição e de possibilidade?
3. Como lidar com os imprevisíveis e inevitáveis desafios do cotidiano da escola?
4. Como lidar com o potencial humano autoplástico, isto é, capaz de modificar-se para lidar melhor com a vida, e aloplástico (Ferenczi, 1992), isto é, capaz de alterar seu entorno para melhorá-lo?
5. Como lidar, no contexto escolar, com aqueles que não correspondem ao esperado para sua idade cronológica, por questões orgânicas e/ou emocionais?

Se aceitarmos a "aprendência" de quem gerencia um projeto pedagógico, cabe também aceitar a incerteza, o inesperado e o incontrolável, assim como escolher e gerenciar infinitas possibilidades no contexto de uma instituição que trabalha numa abordagem cooperativa.

O binômio "possível/necessário" poderia funcionar como norteador ao lidar com as questões individuais e coletivas. Necessariamente a escola é um operador de laço social com diversas práticas. A pergunta que me ocorre é: quanto e quando a escola de fato opera essa função, considerando os vários possíveis, ou seja, levando em conta a singularidade de cada aprendente nas diferentes condições do aprender?

Em síntese, o desafio de lidar com a diferença de diversas ordens no contexto escolar demanda um projeto político-pedagógico que acredite em mudanças criativas dentro da concepção de inovação, na qual se aceite jogar o "jogo da incerteza". Isso demanda uma mudança paradigmática, pois no discurso da escola tradicional advoga-se seguir programas e objetivos predeterminados e metas fixas.

A excelência é um dos discursos que geram e gerenciam ações na instituição identificada com a quantificação de resultados para mensurar a *performance* do estudante. Nesse contexto, a validação do patrimônio cultural do aluno dependerá de seu *ranking* entre os pares e do lugar ocupado pela instituição na sociedade. Frequentar uma "escola forte" é entendido como patrimônio que a família oferece aos filhos. Por exemplo: um garoto que obteve média 6,6 cursando o segundo ano do ensino fundamental de uma escola considerada forte será reprovado, pois não alcançou a nota sete. É importante ressaltar que o projeto político-pedagógico dessa escola tem como meta preparar desde cedo seus alunos para o vestibular. Seu pai escolheu uma escola forte porque seus irmãos estudaram desde pequenos em escolas fortes fora da cidade e "se deram melhor na vida".

O discurso da inovação no campo da escolarização, ainda discreto em nossa política educacional, vem se manifestando pelos modelos "escola democrática" e "comunidades de aprendizagem" (Monereo e Gisbert, 2005), nos quais as práticas para a aprendizagem e a solução de desafios giram em torno do conceito de cooperação e colaboração – tanto dos professores e educadores como dos alunos. Nesse contexto, não é o especialista o único responsável pela geração de ideias inovadoras. Não se trata de proposta simples, pois demanda flexibilidade, aceitação da incerteza e interação de todos os envolvidos por meio da rede. *Nas escolhas e decisões, o coletivo tem voz.*

O desafio e a incerteza são inevitáveis em todos os campos da experiência humana. Como lidar com a crença de que é possível controlar resultados mediante um bom planejamento? Diante desse discurso no contexto educacional, como evitar a polarização dos discursos da inovação e da tradição? Como fazê-los conviver e conversar, sem se deixar iludir por uma prática fragmentada? Na experiência de assessoria, quando se buscam cooperativamente caminhos possíveis para os desafios do cotidiano institucional, os resultados são muito satisfatórios. A compreensão, aceitação e identificação de pequenos deslocamentos no processo de mudança são mais bem assimiladas pelos educadores. Os resultados são animadores, pois o empoderamento dos educadores favorece a flexibilização na escolha das práticas sem reificá-las. A criatividade e a abertura para o novo são atitudes que contribuem para a aproximação do modelo de escolas democráticas.

Trabalhar concretamente com o conceito de clínico proposto por Perrenoud (*apud* Pereira, 1998, p. 170) tem sido útil no contexto da interlocução com os educadores. O autor recorda que não há a intenção de transformar o professor em psicólogo clínico ou psicanalista:

> O clínico é aquele que, ante uma situação problemática complexa, possui as regras e dispõe de meios teóricos e práticos para: a) avaliar a situação; b) pensar em uma intervenção eficaz; c) pô-la em prática; d) avaliar sua eficácia aparente; e) corrigir a pontaria. Ensinar não consiste em aplicar cegamente uma teoria e nem tampouco conformar-se com um modelo. É antes de mais nada solucionar problemas, tomar decisões, agir em situação de incerteza e, muitas vezes, de emergência, sem para tanto aprofundar-se no pragmatismo absoluto e em ações pontuais.

Entendo que além de mudanças discursivas macroestruturais, isto é, mais amplas, necessárias no contexto da escolarização, é importante considerar a relação professor/aluno em contexto, ou seja, aspectos microestruturais. "O professor tem a chave" foi o tema de uma comunicação que fiz em 2004 na abertura de uma jornada da ABPp-SP para educadores. Na ocasião, afirmei: "Trabalhando com professores da rede pública e particular em seminários, cursos e supervisões, chega-se à conclusão de que quem tem a chave para intervir na questão do fracasso escolar é o professor".

É preciso esclarecer que não se trata de responsabilizar o professor pelo fracasso escolar. Nem sempre ele é autorizado a utilizar seu bom senso e sua experiência para gerenciar um projeto pedagógico. Destaquei em meu discurso seu empoderamento potencial, que ajuda o aluno a ultrapassar as dificuldades pertinentes ao processo. O impedimento se manifesta pela imposição de práticas e currículos aos quais, por diferentes razões, não houve aderência. O professor tem uma prática construída na troca de experiências com pares, em capacitações e em escolhas próprias. A prática de cada professor se funda nessa polifonia.

Outro fato a considerar é o estilo cognitivo do mestre, que ultrapassa o conteúdo, relacionando-se com a subjetividade – entendida como a relação do professor com seu objeto de conhecimento. Mas como dialogar com um estilo de escolarização no qual técnicas e prescrições de manuais se sobrepõem a esse estilo? Transcrevo a seguir o conceito de estilo cognitivo proposto por Kupfer (1999, p. 75), no qual o encontro mestre-aluno é mediado pelo estilo daquele que transmite:

> Ao contemplar o outro no exercício de seu estilo próprio, uma criança construirá e se construirá no seu estilo. Ao contemplar o professor no exercício de seu estilo próprio de apropriação do objeto de conhecimento, um aluno construirá e se construirá em seu estilo cognitivo próprio.

É preciso considerar as condições humanas de cada um para uma aprendizagem funcional. Dessa forma, a escola deixa de ser um sapato pesado e passa a contribuir para que o estudante se prepare para suportar o esforço necessário que os desafios do viver apresentam cotidianamente.

Considero a escola um importante veículo de promoção do laço social. Isso a coloca no patamar de responsável na formação do sujeito da aprendizagem, ultrapassando o objetivo de espaço unicamente incumbido da transmissão do conhecimento formal e acadêmico.

AUGUSTO GALERY (ORG.)

POSSÍVEIS EXPLICAÇÕES PARA O "SAPATO PESADO" DA ESCOLA

Há tempos observo e escuto estudantes e professores mencionando o desconforto excessivo no processo de escolarização, da educação infantil ao ensino médio. Entendo que esse discurso vem se tornando penoso ao girar em torno de três preocupações: a) transtornos de aprendizagem de origem orgânica; b) excelência da proposta pedagógica, avaliada pelas medidas oficiais e solicitada pelas famílias; c) confusão entre escola para todos e a universalização de práticas, procedimentos e metas, desconsiderando a singularidade humana e contextual.

TRANSTORNOS DE APRENDIZAGEM DE ORIGEM ORGÂNICA

Como já vimos, aprender gera desconforto tanto no estudante como no professor, pois é preciso muito esforço para dominar determinados conteúdos que são transmitidos formalmente e não são apreendidos de imediato no tempo e no espaço.

Muitas das dificuldades que ocorrem no processo de construção da escrita são confundidas com os transtornos de aprendizagem de origem orgânica. Família e escola buscam respostas para as dificuldades do aluno na construção da escrita nas classificações universais.

Escolho refletir a respeito da construção da linguagem escrita como um "rito de passagem". Em todas as culturas, os ritos se prestam a promover e valorizar etapas significativas da vida e determinantes para o grupo em questão.

O domínio da língua escrita é complexo; exige habilidades além da linguagem oral, aprendida espontaneamente. Keneth Goodman (1997, p. 37) propõe o conceito de linguagem integral para identificar uma prática que envolve quatro habilidades que se complementam: ler/escrever/escutar/falar:

O professor avalia o desenvolvimento linguístico e cognitivo. Falar, ouvir, escrever e ler acontecem no contexto da exploração do mundo das coisas, eventos, ideias e experiências. O currículo de conteúdo aproveita os interesses e experiências que as crianças têm fora da escola, incorporando dessa forma toda uma gama de funções da linguagem oral e escrita.

Os programas de linguagem integral reúnem tudo: linguagem, cultura, comunidade, aluno e professor. O que torna a linguagem muito fácil ou difícil nesse aprender (Goodman, 1997, p. 10)?

ELA É FÁCIL QUANDO:	ELA É DIFÍCIL QUANDO:
Real e natural	Artificial
Faz sentido	Não faz sentido
É interessante	É chata e desinteressante
É relevante	É irrelevante
Pertence ao aluno	Pertence a outra pessoa
Faz parte de um acontecimento real	Está descontextualizada
Tem utilidade social	Não tem valor social
Tem propósito para o aluno	Não tem propósito
O aluno escolhe	É imposta
É acessível	É inacessível
O aluno tem o poder de utilizá-la	O aluno é impotente

A partir da década de 1980, e sobretudo nos anos 1990, na América Latina, construiu-se um discurso diferente a respeito de como a criança aprende e constrói suas hipóteses sobre a língua escrita. Tomando por base os estudos da psicóloga e pesquisadora Emília Ferreiro, interrogava-se o conhecimento prévio das crianças de acordo com a influência da literatura e de portadores de texto, mais especificamente rótulos e logotipos, na aquisição e no conhecimento da língua escrita.

A metodologia utilizada pelos pesquisadores em laboratório foi entendida como um "método de alfabetização", embora não fosse a intenção deles transmitir uma prática aos educadores. O efeito dessa prática de laboratório, transferida para a prática pedagógica da alfabetização, a meu ver, explica em parte algumas das dificuldades no processo de ensino e aprendizagem. Abandonaram-se práticas tradicionais e dominadas pelos educadores, que não estavam preparados para trabalhar desencadeando desequilíbrios cognitivos como no *setting* do laboratório.

A pesquisa de Ferreiro, que originou o "método construtivista", contribuiu para que se compreendesse a semelhança e a complementaridade entre "aprender a ler" e "ler para aprender", ao mesmo tempo que causou conflitos em alguns contextos; afinal, o educador/alfabetizador que tinha fluência em suas práticas tradicionais não foi preparado para pesquisar as hipóteses da criança e para produzir questionamentos que gerassem outras hipóteses e produções mais evoluídas.

Essa prática inovadora, embora tenha provocado desequilíbrios significativos no contexto institucional, trouxe mudanças importantes no processo de construção do conhecimento: no discurso didático, o professor se torna um pesquisador que estimula e provoca o aprendiz na construção de hipóteses e na curiosidade, além de desenvolver a escuta para entender o processo construtivo e os "erros construtivos". No modelo construtivista, diferentemente do tradicional, o conteúdo é sempre significativo: ler e escrever para aprender, em vez de aprender a ler.

Tradicionalmente, a alfabetização tinha como postulado primeiro aprender a escrever sílabas, palavras. O principal objeto de ensino nesse modelo é desenvolver a "mecânica da língua escrita" para então escrever com base nas ideias. Além disso, espera-se que o aprendiz não cometa erros ortográficos e possa dominar a leitura oral. No modelo tradicional, o alfabetizador oferece diretamente os componentes da "mecânica da formação de palavras"; não está em pauta o significado, mas a identificação de letras, sons e sílabas, numa ordem criteriosa e predeterminada.

Já no discurso construtivista, o que está em jogo é a reconstrução da escrita para aprender além do código: conteúdos significativos. Aqui, o jovem aprendiz escreve com base em hipóteses advindas da sua experiência com a linguagem escrita e do conteúdo que deseja conhecer e registrar. Nessa proposta, o objetivo é um mergulho no letramento. Ao se conectar com vários gêneros da escrita, o aprendiz vai observando e apreendendo as regras do jogo, isto é, os aspectos formais. Porém, é fundamental a presença de um mediador atento e questionador, que relacione forma e conteúdo.

POSSÍVEIS "GARGALOS" NO PROCESSO DE APRENDIZAGEM DA LEITURA E ESCRITA

Dar mais importância à forma que ao conteúdo – Porém, sem a mediação adequada, o aluno continuará escrevendo do seu "jeito". Poderão surgir dificuldades em relação à forma se ela não for trabalhada de modo adequado. O processo de ensino e aprendizagem, embora menos diretivo, poderá angustiar tanto o mestre quanto o aluno em diferentes graus, pois demanda um pensador ativo que levante hipóteses sobre a forma como seu aluno escreve. Cabe acolher os muitos ensaios do jovem aprendiz e não encará-*los* como erros. Ele deve se soltar sem medo de errar; porém, essa "soltura" não é universal, pois alguns alunos dizem: "Eu não sei, quem sabe é você que me ensina". No processo de ensino-aprendizagem no modelo sócio construtivista, deve haver uma interação entre os dois pensadores.

Interpretar as hipóteses da criança na escrita como falhas ou desvios semelhantes aos que ocorrem nos chamados transtornos de aprendizagem, mais especificamente a dislexia – Ao aderir a um novo estilo no processo de ensino e aprendizagem, algumas escolas inovadoras "jogam fora o bebê com a água suja" ao desvalorizar habilidades da escola tradicional que envolviam exercitação – como os exercícios preparatórios para a escrita, a cópia e outras práticas consideradas inúteis e ultrapassadas. Mabel Condemarin

(1992), psicóloga chilena que se dedicou muito às questões da aquisição da língua escrita, propôs a integração de dois modelos: o holístico, semelhante à proposta de Goodman, e o de destrezas, chamado de "modelo integrado", no qual se consideram igualmente importantes quatro habilidades básicas: ler, escrever, falar e escutar – sem, no entanto, abandonar a sistematização necessária à construção dos aspectos formais da escrita.

O aprendiz que não foi sistematicamente exposto a uma proposta educacional integrada poderá desenvolver "quadros clínicos" semelhantes aos encontrados nos ditos transtornos de aprendizagem, tais como disgrafia, disortografia, dislexia e discalculia.

Em tempo de ritmos acelerados, metas a ser cumpridas e metodologias universais que desconsideram o estilo de aprender, pais e professores estão sempre em "estado de alerta". Esperam respostas positivas e universais no tempo e no espaço no quesito alfabetização. Ao estudante cabe "performar bem". A criança que demora um pouco mais para lidar com o "rito de passagem" da escolarização, que ainda não se interessa pelo tema ou comete enganos é causa de preocupação. O descompasso com as metas da proposta pedagógica é logo relacionado com algum transtorno de origem orgânica.

Outro transtorno de aprendizagem bastante preocupante para os educadores formais e informais é o Transtorno de Déficit de Atenção e Hiperatividade (TDAH). Infelizmente, devido à falta de reciprocidade marcada pela distração ou pela inquietude corporal do aluno diante das propostas pedagógicas, pais e educadores logo solicitam uma intervenção que aja diretamente nos aspectos orgânicos. Nem sempre são levantadas hipóteses para a compreensão das relações com o aprender que se manifestam corporalmente.

A distração é pertinente à mente humana; é o fio condutor num processo de criação. Por outro lado, para lidar com o conhecimento formal, o foco é necessário. A "escuta da distração" faz-se importante, pois também pode indicar o desinteresse pelo objeto de conhecimento devido à falta de sentido. Cabe, sim, ao mediador trabalhar o significado e a aplicabilidade do objeto a ser compartilhado com o aprendiz. É possível pensar que a distração e o foco são como duas faces de uma mesma moeda. A distração é um intervalo necessário no processo de construção mental. O desafio é quando, no binômio distração/foco, a distração prevalece.

Relaciono atenção com uma atitude que expressa o investimento amoroso e sobretudo cuidadoso na relação com o objeto, não sendo "apenas" uma função executiva. Exemplo: numa avaliação psicopedagógica, um adolescente manifestava distração ou perda de foco como saída diante de uma atividade que ele acreditava não conseguir realizar. Assim, procurava conversar comigo sobre assuntos pessoais. Entendi que a estratégia visava aliviar sua angústia. Percebi que ele lidava mecanicamente com a atividade, mas, quando promovi uma mediação que envolvia conceituação, ele começou a construir meta cognição de seu processo, voltando a se envolver com a tarefa e a se entusiasmar com ela.

Como afirmei na introdução, aprender implica resignar e ressignificar, considerando-se a matriz da aprendizagem (as quatro estruturas) que envolve olhar o todo e não apenas o organismo. Onde fica a estrutura simbólica que alimenta o interesse e o envolvimento do aluno e do professor?

Compreensão e aceitação de que o tempo do ensino difere do tempo do aprender – Alguns aprendizes precisarão de mais tempo para o jogo de exercício. Possivelmente, as dificuldades de aprendizagem do tipo transtorno são efeito da pouca sistematização e exercitação devido à falta de tempo. O discurso "meta do bimestre" é o que rege o modo de avaliar o processo de aprendizagem. A capacidade de ressignificar por meio do jogo simbólico também demandará espaço para viver a experiência do ato pedagógico não como uma tarefa apenas, mas como algo que deixe marcas pela experiência (Bondía, 2002). Essa capacidade de ressignificar depende também do vínculo que se estabelece entre o ensinante e o aprendente.

Tradicionalmente, o encargo da transmissão de conteúdos é atribuído ao mestre, que deve dominar e administrar o processo de ensino e aprendizagem. No modelo de escola que propõe desconstruir o discurso "escola sapato pesado", há mudanças na relação entre os componentes da comunidade de aprendizagem. Tal relação é mais simétrica – ou menos assimétrica –, isto é, há espaço para o diálogo entre todos os indivíduos. Não é simples, pois demanda não apenas flexibilização como criatividade e capacidade de lidar com o processo de aprendência, com a incompletude e com o paradigma da incerteza.

Suponho que a universalização de práticas e de currículos exista devido à ilusão de que, se a maioria responde, todos podem responder, independentemente das particularidades. Os que não respondem por diferentes razões estarão "fora da curva".

EXCELÊNCIA DA PROPOSTA PEDAGÓGICA, AVALIADA PELAS MEDIDAS OFICIAIS

Nos cursos de formação de educadores, tenho escutado com frequência: "É a família que pede excelência nos resultados das provas universais". Muitos pais procuram instituições que desde a educação infantil estejam preocupadas com resultados no Enem. Para responder a essa demanda, propostas pedagógicas têm como meta os resultados nas avaliações quantitativas. A escola e os alunos são qualificados pelos resultados obtidos nessas provas, independentemente das possibilidades e realidades do contexto e da singularidade dos estudantes. Esse é um tema polêmico devido à complexidade de justificativas para a idealização da excelência: são os pais que solicitam? São as escolas que querem preservar seu status no ranking? O elemento competição é importante? Como está sendo construído pela comunidade o conceito de excelência no processo ensino/aprendizagem? São questionamentos que podem contribuir para não jogar o "jogo do empurra o culpado".

A aprendizagem é uma forma de discurso que permite fazer laço social e, como afirma Paín (1985b), tem a função de adaptação. Excelência também é um discurso, o qual, no meu entender, ao desconsiderar a singularidade e prestigiar protocolarmente um projeto pedagógico, promove a exclusão daqueles que não compartilham dele. Na prática, a resposta para essa escolha institucional tem contribuído para o modelo de "escola sapato pesado". Manifesta-se numa proposta pedagógica incompatível com a maturidade cognitiva e emocional do aprendiz. Concretamente, em alguns contextos os conteúdos ofertados não correspondem à série equivalente: ao aluno do primeiro ano são ofertados materiais do segundo ano – e assim sucessivamente, até o ensino médio. O discurso é: "Escola boa é escola forte". É possível também encontrar exageros na educação infantil, quando se espera que aos 3 anos a criança saiba escrever seu nome.

Alguns professores queixam-se de estar submetidos ao gesso de currículos. "Não há tempo" para atender aos que estão no "final da fila" – aqueles que demoram a assimilar conteúdos e procedimentos –, nem para desencadear questionamentos por meio da mediação. Assim, a saída tem sido encaminhar esses alunos para atendimento clínico com a suspeita de transtorno ou deficiência.

Olhando para trás, lembro-me com algum saudosismo da escola tradicional do século passado, onde havia lugar para o aluno médio e até para aquele que tinha mais dificuldade. Ele podia passar "raspando". Talvez fosse desconfortável, mas não insuportável, pois fazia parte do jogo. Hoje, sob o discurso da excelência e da universalização do modo e do ritmo da aprendizagem, o aluno que demora um pouco mais para responder logo é objeto de preocupação tanto para a escola, que urge no cumprimento de metas, como para a família, que pergunta por que o aluno não corresponde à proposta da instituição. Infelizmente não se faz a pergunta: poderá ser uma reação ao modelo pedagógico? A escola identificada com a tradição moderna, preocupada unicamente com os conteúdos e com os resultados, sobreviverá às demandas de uma sociedade mais complexa?

AUGUSTO GALERY (ORG.)

CONFUNDIR ESCOLA PARA TODOS COM A UNIVERSALIZAÇÃO DE PRÁTICAS, PROCEDIMENTOS E METAS

Quando me referi às condições para aprendizagem humana, apresentei o conceito de quatro estruturas desenvolvido por Paín (1985b): corpo, organismo, estrutura simbólica e inteligência. Entendo esse conceito como uma matriz que contribui na construção do estilo de aprendizagem.

Acrescento agora o conceito de jogo no sentido piagetiano para compreender o processo de ensino/aprendizagem. Para ele, o jogo se dá em quatro modalidades: a) exercício; b) simbólico; c) regra; d) construção. O sujeito da aprendizagem passa por essas quatro modalidades. Quando isso é desconsiderado, poderão ocorrer dificuldades de ordem reativa. No artigo "Utilização do jogo e da brincadeira em psicopedagogia: uma abordagem clínica" (Rubinstein, 1991), descrevi algumas das características dessas modalidades:

> Piaget (1964) estrutura o jogo em três categorias: jogo de exercício, em que o objetivo é exercitar a função em si; jogo simbólico, em que o indivíduo coloca significado independentemente das características do objeto, funcionando num esquema de assimilação; e o jogo de regra, em que está implícita uma relação interindividual que exige a resignação por parte do sujeito. Piaget ainda fala de uma quarta modalidade, que é o jogo de construção, em que a criança cria algo. Essa modalidade está a meio caminho entre o jogo e o trabalho pelo compromisso com as características do objeto.

A escola democrática, que atende a todos e a cada um, respeita as quatro modalidades de jogo, organizando-se no tempo e no espaço para que todas elas possam acontecer. Isso vale tanto para a aprendizagem informal quanto formal na escolarização.

Considerar esses componentes significa adesão a um espaço de manobra que permite respeitar a singularidade do aluno e, ao mesmo tempo, organizar e administrar o projeto político-pedagógico. Implica uma postura de flexibilização para a escolha do que é útil para desencadear a aprendizagem, independentemente do currículo. Metas e planos são referências importantes para o projeto político-pedagógico, mas não deveriam engessar o binômio ensino-aprendizagem.

Concluo este capítulo propondo o questionamento do termo "escola inclusiva", considerando que estamos diante de uma armadilha: se há necessidade de fazer inclusão, é porque a exclusão *ainda* está presente. Entendo que a linguagem está muito relacionada com a ação, isto é, com o fazer pedagógico. Aceitar essa premissa implica nomear as ações que ocorrem em todos os setores do espaço escolar. Apresento uma possível compreensão para o termo "pedagogia": entre o dizer e o fazer – o que equivale a apontar o distanciamento entre os discursos da ação e da idealização, em que o dizer relaciona-se com o discurso prescritivo. Minha aposta é na construção de ações que expressem não apenas *práxis*, mas que atendam às necessidades, mesmo que provisórias do ato pedagógico. Adotar essa construção envolve flexibilização sistêmica. Ressalva fundamental: que o ato pedagógico expresse o empoderamento de uma equipe envolvida na criação de projeto político pedagógico, que considera sua responsabilidade na formação do sujeito da aprendizagem enquanto estudante. O foco da excelência é na aprendizagem independentemente das condições singulares de cada um, onde todos possam realmente aprender de acordo com as suas potencialidades e possibilidades.

REFERÊNCIAS

BONDÍA, L. *"Notas sobre a experiência e o saber da experiência"*. *Revista Brasileira de Educação*, n. 19, 2002.

CONDEMARÍN, M. *et al. Lenguaje integrado – Talleres de perfeccionamiento en lenguaje oral y escrito.* Santiago: CPEIP, 1992.

FERENCZI, S. *Reflexões sobre o trauma*. São Paulo: Martins Fontes, 1992. (Obras completas, v. 4)

FERNANDEZ, A. *A inteligência aprisionada*. Porto Alegre: Artes Médicas, 1990.

GOODMAN, K. *Introdução à linguagem integral*. Porto Alegre: Artes Médicas, 1997.

KUPFER, M. C. "Problemas de aprendizagem ou estilos cognitivos? Um ponto de vista da psicanálise". In: Rubinstein, E. (org.). *Psicopedagogia – Uma prática, diferentes estilos*. São Paulo: Casa do Psicólogo, 1999.

MONERO, C.; GISBERT, D. D. *Tramas: procedimentos para a aprendizagem cooperativa*. Porto Alegre: Artmed, 2005.

PAÍN, S. *Diagnóstico e tratamento dos problemas de aprendizagem*. Porto Alegre: Artes Médicas, 1985a.

_____. *Processo da transmissão da aprendizagem e o papel da escola na transmissão dos conhecimentos*. São Paulo: Cevec, 1985b.

_____. *Subjetividade e objetividade – Relação entre desejo e conhecimento*. São Paulo: Cevec, 1996.

PEREIRA, M. R. "O relacional e seu avesso na ação do bom professor". In: Lopes, E. M. T. (org.). *A psicanálise escuta a educação*. Belo Horizonte: Autêntica, 1998.

RUBINSTEIN, E. "Utilização do jogo e da brincadeira em psicopedagogia: uma abordagem clínica". *Psicopedagogia*, São Paulo, v. 10, n. 21, jan.-jul. 1991, p. 15-19.

TROCMÉ, H. *A árvore do saber aprender*. São Paulo: Triom, 2005.

2. O que é (e o que não é) inclusão
Augusto Galery

O CONCEITO DE CIDADANIA se liga intimamente à aquisição e à garantia de direitos. Historicamente, muitas pessoas não eram consideradas cidadãs e, portanto, não tinham acesso aos direitos assegurados pela sociedade. É o caso da democracia grega, tomada por muitos, até hoje, como paradigma; os cidadãos tinham direito à liberdade, à participação e à igualdade, porém se travava uma forma de organização excludente, deixando de fora mulheres, crianças, estrangeiros (estes frequentemente tornados escravos), pessoas com deficiência etc.

Conforme nos apresenta Carvalho (2002), com base na teoria de Thomas Humphrey Marshall, a cidadania pode ser definida como a soma de três direitos: o civil, o político e o social. O direito à vida, a ser livre e ter propriedades e ao tratamento igualitário perante a lei é o *direito civil*. O *direito político* refere-se à possibilidade de participar da vida pública, votar para eleger, ser votado e eleito – ou seja, tomar parte, como cidadão, do governo. Por fim, o direito que garante a distribuição da riqueza coletiva e cultural é o *direito social*, o que inclui o direito à educação, à saúde, ao trabalho, à assistência e previdência social etc.

Gradualmente, os movimentos sociais buscam a ampliação dos direitos de seus representados. Assim, é possível aumentar a participação cidadã de cada um dos grupos historicamente excluídos na sociedade. Tal lógica pode ser aplicada aos movimentos que defendem os direitos das pessoas com deficiência. O fortalecimento da luta pelos direitos desse público vem se inten-

AUGUSTO GALERY (ORG.)

sificando. Muito rapidamente, num prazo de menos de uma década, paradigmas sobre a participação na sociedade vêm sendo discutidos e desenvolvidos, levando a discrepâncias entre conceitos e práticas. No presente capítulo, tentaremos esclarecer alguns desses princípios a fim de limitar o que estamos chamando de inclusão. E, para começar, buscaremos mostrar o que não o é.

EXCLUIR NÃO É INCLUIR

Na década de 1950, uma mulher teve um filho com síndrome de Down no Brasil. A par da violência e do preconceito a que ele seria sujeitado, tomou a decisão – de forma não exatamente consciente – de protegê-lo a qualquer custo. Eu os conheci por volta de 2005. O filho, agora com mais de 50 anos, nunca tinha saído de casa. Não havia sido escolarizado, não trabalhava, não tinha amigos, não convivia com ninguém além da família. Recebia um benefício de assistência social por invalidez. A mãe, viúva, recebia pensão. Ele só se comunicava com a mãe. Haviam desenvolvido um vocabulário de gestos e sons próprio dos dois, que ninguém mais compreendia (nem os irmãos). Ela, agora com quase 80 anos, se perguntava, amargurada: quando ela morresse, quem cuidaria do filho?

Esse exemplo, infelizmente ainda bastante comum, está cheio de amor e boas intenções. Toda pessoa que conheço, em algum momento da vida, conclui que a participação na sociedade será prejudicial a seus filhos e tende a protegê-los. Na maioria das vezes, à medida que a criança se desenvolve e adquire novas habilidades sociais, seus cuidadores vão gradualmente – e sempre com medo – percebendo a necessidade de deixá-los correr riscos e adquirir autonomia.

Do ponto de vista social, a exclusão pede uma política de assistência social: benefícios, pensões, aposentadorias especiais etc. É o preço que a sociedade está disposta a pagar para não ter de conviver com a diferença. Nessa relação sistêmica, autorreforçadora, quanto mais a sociedade mantém suas práticas assistencialistas, menos está disposta a se modificar para incluir a todos – e, quanto menos ela se modifica, mais receio os responsáveis terão de buscar alternativas para que seus filhos obtenham seus direitos. Esse círculo vicioso mantém as pessoas com deficiência numa armadilha social, aprisiona seu potencial, tolhe sua capacidade de sonhar e desejar.

O paradigma da exclusão mantém parte dos indivíduos como não cidadãos, negando-lhes os direitos básicos que devem ser garantidos pela sociedade. Torna-os, assim, heterônomos: é necessário que alguém fale por eles, pois tais pessoas não têm voz própria nos poderes constituintes da sociedade (Executivo, Legislativo, Judiciário).

Para quebrar esse círculo vicioso, é necessária uma modificação drástica que parta da sociedade, seja de seus poderes, seja dos movimentos sociais. Os responsáveis, isoladamente, podem conseguir soluções específicas para seus casos, com lutas individualizadas. Quem consegue escapar da trama da exclusão social torna-se uma espécie de "super-herói", que acaba não servindo de exemplo a outros que não tenham sua "força" ou sua "perseverança". O lugar social definido não se modifica por meio de super-heróis, mas pelo aumento de consciência e de uma atitude social em prol dos direitos.

O Ministério da Educação, especialmente a partir de 2008, tentou pôr fim ao círculo vicioso da exclusão montando uma política específica para que os estudantes com deficiência fossem matriculados em escolas regulares. Ações dos Conselhos Tutelares para evitar a evasão escolar, a reiteração de faltas injustificadas e a permanência do aluno na escola se intensificaram para garantir os direitos desse público (Brasil, 1990). Também foram tomadas ações intersetoriais, como a vinculação do recebimento dos benefícios de prestação continuada (BCP) à matrícula e assiduidade dos estudantes com deficiência nas escolas. Em consequência, o número de alunos matriculados com essas características pas-

AUGUSTO GALERY (ORG.)

sou de 200 mil, em 1998, para 900 mil, em 2014 (MEC, 2015). Obviamente, ainda é necessário discutir a questão da permanência e da qualidade da educação que esses alunos estão recebendo. Porém, ainda assim, o acesso a ela é necessariamente o primeiro passo a ser dado.

SEGREGAR NÃO É INCLUIR

Num município do Ceará, a prefeitura criou, na década de 1990, uma instituição especializada em educação especial, que recebia grande parte dos estudantes com deficiência da cidade. Em 2008, para seguir as determinações do Ministério da Educação, a Secretaria de Educação começou a estudar a melhor forma de implantar a educação inclusiva na cidade. A comunidade colocou-se imediatamente contra a ideia de fechar a escola especial e os pais criaram uma associação para defender sua permanência, alegando que as escolas do município não estariam prontas para receber seus filhos. A reivindicação dos pais era a de que as crianças tivessem um espaço protegido, único, com recursos específicos, para ser criadas à parte da sociedade[1].

A ideia de que ambientes protegidos devem ser criados especificamente para abrigar pessoas com deficiência foi defendida por movimentos de familiares de pessoas com deficiência, que se intensificaram a partir da década de 1920. As Associações de Pais e Amigos de Excepcionais, cuja primeira instituição foi fundada em 1954, foram, por muito tempo, as melhores representantes do paradigma de integração. Sua atuação permitiu um importante acúmulo de saber sobre a educação das pessoas com deficiência intelectual em geral e com síndrome de Down, em particular. Hoje, há uma divisão de posições dentro das Apaes: aquelas que apoiam a inclusão, oferecendo apoio às escolas regulares para

---

1. Mais dados sobre o projeto de inclusão dessa história podem ser encontrados no caso da Escola José Dantas Sobrinho, disponível no Projeto Diversa: <http://diversa.org.br/>.

melhorar o relacionamento entre escola e estudante com deficiência intelectual, assim como atendimento educacional especializado nos contraturnos; e as que se mantêm segregacionistas, defendendo a ideia de escola especial.

No paradigma da segregação, as pessoas com deficiência são agrupadas de acordo com classificações (em geral, médicas) em locais específicos e com um atendimento superespecializado. São ainda heterônomas e representadas por seus familiares ou responsáveis. Parte-se do pressuposto de que a participação na vida social será prejudicial a elas.

A questão mais complexa sobre a segregação é que ela tende a não preparar para a vida em sociedade. A separação das diferenças leva a um estranhamento da diversidade. A maior parte dos indivíduos, hoje, sente-se desconfortável diante de pessoas com deficiência, sendo tal fato prejudicial a ambos.

INTEGRAR NÃO É INCLUIR

O *Individuals with Disabilities Education Act* [Decreto para a Educação de Indivíduos com Deficiências], promulgado em 2004 nos Estados Unidos, estabeleceu que as pessoas com deficiência entre 3 e 21 anos deverão receber educação gratuita num *ambiente o menos restritivo possível*:

> Crianças com deficiências [...] serão educadas junto de crianças sem deficiências, da forma mais ampla possível. As classes especiais, a escolarização individual ou outras modalidades que retirem o aluno com deficiência do ambiente regular educacional ocorrerão apenas quando a natureza ou a gravidade da deficiência for tal que a educação nas classes regulares com ajudas e serviços suplementares não possa ser satisfatoriamente obtida.

A ideia de ambiente menos restritivo é um exemplo definidor de práticas de integração. Mostra, certamente, uma evolução dos direitos das pessoas com deficiência. Dirige o olhar para os limites de participação: essa é uma criança capaz de aprender? Ela é capaz de conviver com os outros, colocar em risco a si e a outrem? É possível que essa pessoa participe da sociedade? Essa decisão deverá ser tomada por especialistas: médicos, psicólogos, assistentes sociais, educadores especializados em pessoas com deficiência. Essas juntas avaliadoras definirão, assim, a capacidade que um estudante tem de se adaptar à escola *tal qual ela é*. Para tanto, poderão lançar mão de ajuda técnica, tecnologias assistivas, aulas suplementares etc. A integração não deixa de ser resultado dos avanços tecnológicos e metodológicos que possibilitaram a participação de públicos anteriormente excluídos das salas de aula.

No entanto, é importante notar que sua principal característica é que o esforço de adaptação será de responsabilidade da pessoa com deficiência, que poderá lançar mão de subsídios governamentais, entidades filantrópicas ou tecnologias individualizadas para adaptar-se a um ambiente que permanece igual (ou pouco se modifica). A escola será o ambiente menos restritivo, portanto, quando não tiver de se modificar para atender às necessidades de alunos que não se encaixem no padrão.

O paradigma da integração postula que a participação de pessoas com deficiência dependerá de uma avaliação de sua capacidade de se adaptar – com ou sem ajuda técnica, tecnologias assistivas, treinamentos específicos etc. – aos ambientes sociais. Serão cidadãos, portanto, aqueles que, mediante o próprio esforço, não solicitarem mudanças essenciais nas estruturas e dinâmicas sociais.

A integração levou a um grande investimento em biotecnologias capazes de auxiliar as pessoas com deficiência. No entanto, ao não exigir mudanças sociais, manteve, entre outras, as barreiras atitudinais, como o preconceito. Nessa lógica, é comum que escolas peçam avaliações médicas e psicológicas que comprovem a adaptabilidade de um estudante com deficiência antes de aceitar sua matrícula.

INCLUIR

Assim que assumiu o cargo, a diretora de uma escola[2] em Rio Branco, no Acre, ficou a par da Política Nacional de Educação Especial na Perspectiva da Educação Inclusiva. Montou um grupo de estudos para entender o que era esperado da escola e percebeu que não seria suficiente matricular as pessoas com deficiência: era preciso repensar o espaço escolar e a forma de participação dos alunos e de enfrentar as diversas barreiras. A partir de convênios com entidades governamentais de apoio às pessoas com deficiência, como o Centro de Apoio ao Surdo, o Centro de Apoio Pedagógico para Atendimento às Pessoas com Deficiência Visual e outros, começou a criar estratégias para remover as barreiras a essas pessoas. O grupo elaborou materiais didáticos diferenciados, que pudessem ser utilizados por pessoas com diferentes deficiência visual, motora e auditiva. Foram criadas oficinas de Língua Brasileira de Sinais para todos os alunos. Os professores estudaram uma flexibilização curricular e, com o apoio das secretarias estadual e municipal de educação, a escola instalou uma sala de recursos multifuncionais. Para tanto, a diretora cedeu a própria sala e passou a compartilhar a das coordenadoras pedagógicas.

A aquisição de direitos na lógica da inclusão está ligada à ideia de que se faz necessária uma modificação da sociedade. Esta precisa se esforçar para receber todos os cidadãos. No âmbito institucional (empresas, repartições, escolas públicas e privadas etc.), é necessário, portanto, que dirigentes e colaboradores se empenhem em remover as barreiras que impeçam a efetiva participação de todos. Incluir significa uma postura ativa da sociedade para a garantia dos direitos, o que pode ser obtido por meio de imposições pela lei ou pela compreensão e ampliação do conceito de cidadania para abarcar a todos.

No ambiente educacional, incluir implica repensar a pedagogia e a didática de modo que todos possam aprender conjuntamente. A educação inclusiva tem como principal propósito ajudar escolas e educadores a permitir que todos os alunos, em

---

2. Mais dados sobre o projeto de inclusão dessa história podem ser encontrados no caso da Escola Clarisse Fecury, disponível no Projeto Diversa: <http://diversa.org.br/>.

sua diversidade, possam aprender juntos. É repensar o próprio objetivo da educação, deslocando o foco da transmissão do conhecimento que foi acumulado pelo professor para o potencial de aprendizagem que os alunos apresentam.

Embora, no Brasil, a educação inclusiva seja vista como parte da educação especial, ela é, na verdade, mais ampla do que isso. Quando falamos em inclusão, pensamos sempre em toda a diversidade – pessoas com deficiência, diversidade étnica e de gênero, estudantes com altas habilidades em campos específicos ou com dificuldades específicas, inclusive emocionais.

Para fazer isso, é necessário que as escolas dediquem-se a remover as diversas barreiras que impedem a participação de todos em sala de aula. Essas barreiras vão das mais evidentes, como as questões urbanísticas e arquitetônicas, até as mais sutis, como o preconceito velado e a subestimação da capacidade dos educandos. Então, ser inclusivo na educação é lutar pela diminuição progressiva e eliminação dessas barreiras, em vez de excluir ou segregar a partir delas. Por exemplo: uma escola que modifica seu prédio para permitir que um aluno cadeirante se locomova com liberdade e acompanhe os colegas a todos os lugares está ajudando na inclusão. Já o professor de educação física que dispensa um aluno com síndrome de Down – porque teme, por exemplo, que os colegas farão pouco caso dele – não está sendo inclusivo.

Em síntese, educação inclusiva é um esforço de todos – estudantes, educadores, gestores, governantes etc. – para garantir à coletividade acesso e permanência em uma escola de qualidade, promovendo a equidade e o respeito às diferenças e garantindo que todos os estudantes possam estudar juntos sem sofrer discriminação, independentemente de sua condição.

REFERÊNCIAS

BRASIL. *Lei n. 8.069, de 13 de julho de 1990 – Dispõe sobre o Estatuto da Criança e do Adolescente e dá outras providências.* Brasília: Congresso Nacional, 1990.

CARVALHO, J. M. *Cidadania no Brasil – O longo caminho.* Rio de Janeiro: Civilização Brasileira, 2002.

GOVERNO DOS ESTADOS UNIDOS DA AMÉRICA. *Individuals with Disabilities Education Act (IDEA).* Washington: U.S. Department of Education, 2004.

MINISTÉRIO DA EDUCAÇÃO. "Dados do Censo Escolar indicam aumento de matrícula de alunos com deficiência". Portal Brasil, 23 mar. 2015. Disponível em: <http://www.brasil.gov.br/educacao/2015/03/dados-do-censo-escolar-indicam-aumento-de-matriculas-de-alunos-com--deficiencia>. Acesso em: 18 maio 2017.

3. A Lei na perspectiva da inclusão
Augusto Galery

TALVEZ O FATOR MAIS importante para analisarmos a importância da legislação nos processos de inclusão seja entender o papel psicossocial das leis na sociedade. Tal análise permite discernir de que lado a lei está.

O sujeito é capaz de aceitar fraternalmente, mas também de rejeitar de modo violento, seu semelhante. Reinterpretamos, portanto, a premissa de Hobbes (1981, p. 3): "Que o homem é um deus para o homem, e que o homem é lobo do homem". Desde infantes, temos o impulso de destruir o outro, de vê-lo como "um adversário em potencial, às vezes até mesmo um inimigo cruel" (Enriquez, 1990, p. 158). Alia-se a esse impulso uma dificuldade narcísica de ver esse outro para além de um objeto de nossa satisfação.

A Lei (indicada aqui com letra maiúscula) designa uma função intersubjetiva – está inscrita no psiquismo de cada sujeito e no cerne do social – que permite a constituição da sociedade, porque tem como função impedir a violência e preservar a integridade do outro. É pelo outro que se deve abrir mão das pulsões narcísicas e de destruição. A interdição à destruição selvagem de outrem, imposta pela Lei, possibilita um espaço comum para a organização das regras sociais que estabelecerão outros limites necessários: as prescrições, proibições e sanções que regulam a vida em sociedade; as leis, os ritos, os costumes etc. (Barus--Michel, 2007, p. 138). A Lei é de ordem metapsíquica, parte do continente psíquico e social; ela "Lei transcende as alianças e se impõe como garantia da ordem humana, estruturando as relações de desejo e de interdição entre os sujeitos" (Fernandes, 2005, p. 124).

A noção de direitos humanos, portanto, depende da Lei, porque ela assegura a possibilidade de reconhecer o outro como sujeito, como igual, fraterno. A Lei permite que a fraternidade se expresse ao nos obrigar a abdicar da violência.

Ora, mas a Lei não necessariamente coincide com as leis (no plural, designando o conjunto de normas explícitas criadas por um sistema legislativo). Estas são um esforço de regulação social consciente, que cumprem a função psíquica de assegurar o vínculo entre os membros de uma sociedade, respondendo de forma metassocial e metapsíquica à aquisição dos direitos humanos (Kaës, 1991, p. 23).

Ao mesmo tempo, o Legislativo é espaço de disputas de poder entre os grupos, e tal luta se reflete na legislação aprovada e na força de suas práticas. Assim, a aprovação de uma lei requer negociações, acordos, disputas de força entre setores conservadores e comunitários – o que significa que nem toda lei representa um avanço nos direitos humanos, ainda que estejam representando partes da sociedade. Não abordaremos tais questões aqui para manter nosso foco atual, sabendo que, a cada minuto, é possível que existam retrocessos nas leis.

A legislação é reflexo de toda a história política que forma e transforma a sociedade em determinada época. Ela materializa paradigmas, ideologias e instituições e os torna racionalizados e obrigatórios à sociedade. Nesse sentido, ao delegarmos a elaboração das leis aos representantes do poder Legislativo, eleitos democraticamente, esperamos que esses líderes sejam capazes de tornar as aspirações sociais de determinado contexto espaçotemporal generalizadas e aceitas por todos os cidadãos. Afirmamos, portanto, que a legislação é resultado de uma espécie de espírito de um tempo científico, histórico e cultural que começa com a eleição dos representantes do povo, passa por diversas negocia-

A ESCOLA PARA TODOS E PARA CADA UM

ções e trâmites legais e, ao final, concretiza inspirações de determinados grupos. Com isso, pretendemos notar que as leis vão além da racionalidade da garantia dos direitos, vinculando-se à busca de incorporar interesses dos mais diversos grupos à fibra que compõe a trama social.

É o caso da educação inclusiva. A legislação voltada à educação das pessoas com deficiência vem se modificando ao longo dos anos e podem-se perceber as mudanças como resposta aos anseios dos movimentos sociais que defendem os direitos desses indivíduos.

A ESCOLA, A PESSOA COM DEFICIÊNCIA E A LEGISLAÇÃO

Historicamente, tais pessoas estavam em um cenário de exclusão. Nesse sentido, estava aquém da Lei: pessoas com deficiência podiam ser abandonadas, mortas e exiladas – a violência contra elas era permitida. O lugar que ocupavam no vínculo social era o de pária; as leis não se aplicavam a elas. Não eram cidadãs. No âmbito da educação, não iam à escola, não tinham direito ao saber comum.

Aos poucos, movimentos segregadores dos familiares de pessoas com deficiência foram capazes de criar as escolas especiais e, por volta da década de 1950, o movimento da integração ampliou a participação dessas pessoas na sociedade (veja o Capítulo 2 deste livro).

Essas mudanças foram incorporadas às leis. A Constituição brasileira de 1988 é exemplo de uma política de integração no campo educacional, ao afirmar que os *portadores de deficiência*[1] devem estar preferencialmente na rede regular de ensino. Entretanto, o melhor exemplo talvez seja o das Leis das Diretrizes e Bases da Educação Nacional (LDB), que reflete historicamente

---

1. Terminologia da época.

como a mudança de paradigma se estabelece nas leis. Foram feitas três versões da LDB no século passado, estando a última, de 1996, ainda vigente. Na primeira versão da Lei (Brasil, 1961), o Título X, artigo 88, trata da educação de excepcionais, já demonstrando a preocupação de integrar a pessoa com deficiência mental: "A educação de excepcionais deve, no que for possível, enquadrar-se no sistema geral de educação, a fim de integrá-los na comunidade" (Brasil, 1961).

É interessante notar que há ainda uma menção à criança com anomalia grave nessa mesma lei, no artigo 30, parágrafo único, alínea D. Nessa LDB, institui-se o ensino obrigatório, mas esse artigo garante que não haverá punição ao pai ou responsável que não matricular seu filho com anomalia grave na escola ou ministrar-lhe educação no lar.

Na reformulação da LDB de 1971, aparece apenas o artigo 9, que afirma: "Os alunos que apresentem deficiências físicas ou mentais, os que se encontrem em atraso considerável quanto à idade regular de matrícula e os superdotados deverão receber tratamento especial, de acordo com as normas fixadas pelos competentes Conselhos de Educação (Brasil, 1971, grifo meu).

Já a versão da lei de 1996 traz um capítulo específico sobre a educação especial, no qual afirma ser esta uma "modalidade de educação escolar oferecida *preferencialmente* na rede regular de ensino" (Brasil, 1996, grifo meu).

Antes das LDBs, a segregação era a principal política da educação especial. É sempre bom lembrar que as primeiras escolas especiais segregadas no Brasil datam do Império:

No Brasil, o atendimento às pessoas com deficiência teve início na época do Império, com a criação de duas instituições: o Imperial Instituto dos Meninos Cegos, em 1854, atual Instituto Benjamin Constant – IBC, e o Instituto dos Surdos Mudos, em 1857, hoje denominado Instituto Nacional da Educação dos Surdos – Ines, ambos no Rio de Janeiro. No início do século XX é fundado o Instituto Pestalozzi (1926), instituição especializada no atendimento às pessoas com deficiência mental; em 1954, é fundada a primeira Associação de Pais e Amigos dos Excepcionais – Apae; e, em 1945, é criado o primeiro atendimento educacional especializado às pessoas com superdotação na Sociedade Pestalozzi, por Helena Antipoff. (Brasil, 2008, p. 2)

Se as duas primeiras versões da lei apontam para certa integração, a prática é marcadamente segregacionista – predomina o "tratamento especial" que aparece na lei de 1971. Uma visão mais pertinente à integração aparece apenas em 1996, muito influenciada pela Constituição de 1988 e pelo movimento mundial de educação para todos que se fortaleceu na década de 1990, encabeçado especialmente pela Organização das Nações Unidas para a Educação, a Ciência e a Cultura (Unesco).

Embora não haja um novo projeto de LDB tramitando no Legislativo no momento em que escrevo o presente texto, algumas leis recentes mostram o conflito que ora se percebe entre o movimento de integração e segregação, representado em grande parte por escolas especiais e instituições segregacionistas e por movimentos ligados ao paradigma da inclusão. Este professa, essencialmente, duas grandes mudanças na forma de ver a pessoa com deficiência: a primeira é que ela é uma cidadã e, com esse status, deve ter todos os direitos de que os cidadãos usufruem; a segunda é que cabe à sociedade se modificar a fim de retirar as barreiras que impedem a plena participação desses sujeitos.

Uma dessas leis é a Convenção Internacional sobre os Direitos das Pessoas com Deficiência, que se tornou um tratado equivalente a emenda constitucional no país (Brasil, 2009). A convenção afirma, no artigo 24, que "os Estados Partes assegurarão sistema educacional inclusivo em todos os níveis". Além disso, como princípio geral, esse documento estipula "a plena e efetiva participação e inclusão na sociedade".

Por outro lado, o Plano Nacional de Educação (Brasil, 2014) manteve, na meta 4, a ideia de que a educação especial será realizada *"preferencialmente* na rede regular" – o que abre a possibilidade de ensino segregado. O próprio texto do PNE traz essa contradição, afirmando que o país irá garantir um *"sistema educacional inclusivo,* de salas de recursos multifuncionais, *classes, escolas ou serviços especializados,* públicos ou conveniados". Conceitualmente, é impossível existir sistema educacional inclusivo e classes/escolas especializadas (portanto, que segregam). Esta é a essência da integração: permitir a alguns, que estariam aptos a participar da sociedade, o acesso à cidadania, enquanto outros, que exigiriam mudanças estruturais mais profundas nas instituições, continuariam mantidos de fora.

A POLÍTICA DE EDUCAÇÃO ATUAL – INCLUSÃO COMO PARADIGMA

Em 2015, foi aprovada (Brasil, 2015a) a Lei Brasileira da Inclusão (LBI), que é bem clara ao afirmar os direitos das pessoas com deficiência com base na Convenção. A LBI explicita a definição de barreira:

> Qualquer entrave, obstáculo, atitude ou comportamento que limite ou impeça a participação social da pessoa, bem como o gozo, a fruição e o exercício de seus direitos à acessibilidade, à liberdade de movimento e de expressão, à comunicação, ao acesso à informação, à compreensão, à circulação com segurança, entre outros.

Assim, promover a inclusão não é apenas assegurar direitos às pessoas com deficiência, mas provocar a retirada das barreiras à sua cidadania. Ou seja, faz-se necessária uma mudança institucional, um movimento de remodelagem da educação e da escola, tanto do ponto de vista estrutural quanto didático e pedagógico. Essa lei fala de seis diferentes barreiras:

A ESCOLA PARA TODOS E PARA CADA UM

a) *barreiras urbanísticas:* as existentes nas vias e nos espaços públicos e privados abertos ao público ou de uso coletivo;

b) *barreiras arquitetônicas:* as existentes nos edifícios públicos e privados;

c) *barreiras nos transportes:* as existentes nos sistemas e meios de transportes;

d) *barreiras nas comunicações e na informação:* qualquer entrave, obstáculo, atitude ou comportamento que dificulte ou impossibilite a expressão ou o recebimento de mensagens e de informações por intermédio de sistemas de comunicação e de tecnologia da informação;

e) *barreiras atitudinais:* atitudes ou comportamentos que impeçam ou prejudiquem a participação social da pessoa com deficiência em igualdade de condições e oportunidades com as demais pessoas;

f) *barreiras tecnológicas:* as que dificultam ou impedem o acesso da pessoa com deficiência às tecnologias. (Brasil, *ibidem*)

É possível perceber, então, que as escolas precisam modificar sua estrutura física (prédios, calçadas, recepções etc.), a utilização de tecnologias e o treinamento dos professores para se comunicar com os alunos, bem como as atitudes dos educadores.

Até o primeiro semestre de 2016, as principais ações federais para garantir o direito à educação das pessoas com deficiência nas escolas públicas regulares eram: oferta de atendimento educacional especializado; instalação de salas de recursos multifuncionais; formação continuada em educação inclusiva e especializada para os educadores; disponibilização de recursos para reformas de adequação arquitetônica e acessibilidade (Brasil, 2015b).

ATENDIMENTO EDUCACIONAL ESPECIALIZADO

O Atendimento Educacional Especializado (AEE) é o campo de práticas interdisciplinares que herda seus saberes da educação especial. Suas ações têm como objetivo dar suporte específico para que os estudantes que fazem parte dos grupos de atenção (pessoas com deficiência, transtorno do espectro autista e altas habilidades) recebam conteúdos necessários para seu bom desempenho escolar. O Ministério da Educação (MEC) sugere, por exemplo, as seguintes práticas de AEE[2]:

- Para pessoas com surdez: ensino de Língua Brasileira de Sinais (Libras) e criação de estratégias didáticas de inclusão do surdo em sala de aula regular.
- Para pessoas com deficiência física: treino em uso de tecnologias assistivas e do computador, adaptação de material pedagógico, criação de pranchas de comunicação e outros dispositivos de comunicação alternativa ou ampliada, treino em recursos corporais e adequação postural.
- Para pessoas com deficiência intelectual: estratégias específicas de apoio ao letramento e de mediação da aprendizagem para privilegiar o desenvolvimento e a superação de seus limites intelectuais.
- Para pessoas cegas e com baixa visão: aprendizagem do alfabeto Braille, uso do soroban (ábaco japonês) para cálculos matemáticos, uso de livros didáticos adaptados e acessíveis e de leitores de tela.

Tais práticas não esgotam as possibilidades do AEE e estão aqui apenas como exemplo. Também é preciso deixar claro que o AEE não pode ser confundido com classe de aceleração ou aula de reforço escolar. A atuação dos profissionais de AEE deve se dar tanto com os estudantes com deficiência quanto com seus educadores, a fim de tornar inclusivas as atividades didáticas.

---

2. Confira os manuais de AEE disponíveis no site do MEC: <http://portal.mec.gov.br/setec-secretaria-de-educacao-profissional-e-tecnologica/publicacoes?id=17009>.

SALAS DE RECURSOS MULTIFUNCIONAIS

As salas de recursos multifuncionais são os espaços físicos que permitem o planejamento e a realização do atendimento educacional especializado. Elas devem ser acessíveis a todos, com mobiliário e materiais próprios, além de recursos de informática específicos. Podem-se citar, entre outras ferramentas que devem estar presentes: microcomputadores adaptados, com acionadores de pressão e teclado com colmeia; *softwares* para comunicação alternativa; impressora e máquina de datilografia Braille; soroban; lupas; materiais táteis (como globos terrestres).

FORMAÇÃO CONTINUADA

O foco da formação continuada deve ser o de ensinar os professores a promover a inclusão em sala de aula. Em minha experiência como coordenador e docente de tais cursos de formação, tenho privilegiado temas como diversidade na aprendizagem, construção do sujeito aprendente, flexibilização, trabalho em rede, vicissitudes da medicalização do ensino etc.

REFORMAS DE ADEQUAÇÃO ARQUITETÔNICA E ACESSIBILIDADE

Uma vez que as barreiras arquitetônicas ainda aparecem em quase todos os prédios construídos, mesmo nos mais novos (que deveriam, por lei, ser totalmente acessíveis), é importante fazer reformas que possibilitem a plena circulação de todos – na sociedade, em geral, e na escola, em particular. As construções devem contar com rampas de acesso ou elevadores, bem como com a adequação de portas e passagens; disponibilizar mapas e pisos táteis para as pessoas com deficiência visual e informações em Braille, entre outras exigências. A norma técnica 9050, da

Associação Brasileira de Normas Técnicas (2015), "Acessibilidade a edificações, mobiliário, espaços e equipamentos urbanos", traz toda a lista de modificações necessárias para garantir que os prédios não apresentem barreiras à circulação.

Se essas ações governamentais se voltam, normalmente, para as escolas públicas, a jurisprudência tem mostrado que elas também cabem às particulares. Em 2016, o Supremo Tribunal Federal (STF) negou Ação Direta de Inconstitucionalidade ajuizada pela Confederação Nacional dos Estabelecimentos de Ensino e, com isso, afirmou que as escolas particulares estão sujeitas às mesmas obrigações de inclusão que as instituições públicas. Alguns argumentos devem ser considerados para analisar essa decisão. Em primeiro lugar, a Constituição, ao permitir que a iniciativa privada atue na área da educação, submete-a ao cumprimento das normas gerais da educação nacional. Em segundo lugar, a Convenção (aceita como emenda constitucional, como vimos) expressa claramente a inclusão como norma geral da educação. Por fim, a LBI foi clara em relação à responsabilidade das escolas particulares no que tange à educação inclusiva – aliás, sem que haja "cobrança de valores adicionais de qualquer natureza em suas mensalidades, anuidades e matrículas" das pessoas com deficiência.

De acordo com essa lei, os seguintes dispostos do artigo 28 se aplicam às instituições privadas, cabendo a elas o dever de oferecer:

I – sistema educacional inclusivo em todos os níveis e modalidades, bem como o aprendizado ao longo de toda a vida;

II – aprimoramento dos sistemas educacionais, visando garantir condições de acesso, permanência, participação e aprendizagem, por meio da oferta de serviços e de recursos de acessibilidade que eliminem as barreiras e promovam a inclusão plena;

III – projeto pedagógico que institucionalize o atendimento educacional especializado, assim como os demais serviços e adaptações razoáveis, para atender às características dos estudantes com deficiência e garantir o seu

A ESCOLA PARA TODOS E PARA CADA UM

pleno acesso ao currículo em condições de igualdade, promovendo a conquista e o exercício de sua autonomia;

V – adoção de medidas individualizadas e coletivas em ambientes que maximizem o desenvolvimento acadêmico e social dos estudantes com deficiência, favorecendo o acesso, a permanência, a participação e a aprendizagem em instituições de ensino;

VII – planejamento de estudo de caso, de elaboração de plano de atendimento educacional especializado, de organização de recursos e serviços de acessibilidade e de disponibilização e usabilidade pedagógica de recursos de tecnologia assistiva;

VIII – participação dos estudantes com deficiência e de suas famílias nas diversas instâncias de atuação da comunidade escolar;

IX – adoção de medidas de apoio que favoreçam o desenvolvimento dos aspectos linguísticos, culturais, vocacionais e profissionais, levando-se em conta o talento, a criatividade, as habilidades e os interesses do estudante com deficiência;

X – adoção de práticas pedagógicas inclusivas pelos programas de formação inicial e continuada de professores e oferta de formação continuada para o atendimento educacional especializado;

XI – formação e disponibilização de professores para o atendimento educacional especializado, de tradutores e intérpretes da Libras, de guias intérpretes e de profissionais de apoio;

XII – oferta de ensino da Libras, do Sistema Braille e de uso de recursos de tecnologia assistiva, de forma a ampliar habilidades funcionais dos estudantes, promovendo sua autonomia e participação;

XIII – acesso à educação superior e à educação profissional e tecnológica em igualdade de oportunidades e condições com as demais pessoas;

XIV – inclusão em conteúdos curriculares, em cursos de nível superior e de educação profissional técnica e tecnológica, de temas relacionados à pessoa com deficiência nos respectivos campos de conhecimento;

XV – acesso da pessoa com deficiência, em igualdade de condições, a jogos e a atividades recreativas, esportivas e de lazer, no sistema escolar;

XVI – acessibilidade para todos os estudantes, trabalhadores da educação e demais integrantes da comunidade escolar às edificações, aos ambientes e às atividades concernentes a todas as modalidades, etapas e níveis de ensino;

XVII – oferta de profissionais de apoio escolar;

XVIII – articulação intersetorial na implementação de políticas públicas.

No entanto, parece-nos essencial entender que a legislação é resultante de um movimento legítimo no qual as pessoas com deficiência deixam de ser uma minoria sem voz. Trata-se de uma busca de autonomia e de cidadania que se reflete nas leis. Ao afirmar o lema que se tornou famoso – nada sobre nós sem nós –, esse movimento exige um novo posicionamento de cada um de seus pares cidadãos. Nesse sentido, acatar a legislação sobre a educação inclusiva é civilizar-se, é renunciar à violência contra um grupo minoritário em prol da convivência e da possibilidade de vida. É, ainda, aceitar a diversidade como potencial humano.

REFERÊNCIAS

ABNT. *NBR 9.050 – Acessibilidade a edificações, mobiliário, espaços e equipamentos urbanos.* 3. ed. Rio de Janeiro: Associação Brasileira de Normas Técnicas, 2015. Disponível em: <http://www.ufpb.br/cia/contents/manuais/abnt-nbr9050-edicao-2015.pdf>. Acesso em: 23 abr. 2016.

BARUS-MICHEL, J. *Le politique entre les pulsions et la loi.* Paris: Érès, 2007.

BRASIL. *Lei n. 4.024, de 20 de dez. de 1961 – Fixa as Diretrizes e Bases da Educação Nacional.* Brasília: Congresso Nacional, 1961.

_____. *Lei n. 5.692, de 11 de agosto de 1971 – Fixa Diretrizes e Bases para o ensino de 1º e 2º graus, e dá outras providências.* Brasília: Congresso Nacional, 1971.

_____. *Constituição (1988). Constituição da República Federativa do Brasil.* Brasília: Senado Federal, 1988. Disponível em: <http://www.planalto.gov.br/ccivil_03/constituicao/Constituicao.htm>. Acesso em: 28 out. 2014.

_____. *Lei n. 9.394, de 20 de dez. de 1996 – Estabelece as diretrizes e bases da educação nacional.* Brasília: Congresso Nacional, 1996.

A ESCOLA PARA TODOS E PARA CADA UM

_____. *Política Nacional de Educação Especial na Perspectiva da Educação Inclusiva*. Brasília: Ministério da Educação/Secretaria de Educação Especial, 2008. Disponível em: <http://portal.mec.gov.br/arquivos/pdf/politicaeducespecial.pdf>. Acesso em: 15 dez. 2014.

_____. *Decreto n. 6.949, de 25 de agosto de 2009, Brasília, 2011 – Promulga a Convenção Internacional sobre os Direitos das Pessoas com Deficiência e seu Protocolo Facultativo.* 2009. Disponível em: <http://www.planalto.gov.br/ccivil_03/_ato2007-2010/2009/decreto/d6949.htm>. Acesso em: 1º abr. 2015.

_____. *Lei n. 13.005, de 25 de junho de 2014 – Plano Nacional de Educação.* 2014. Disponível em: <http://www.planalto.gov.br/CCIVIL_03/_Ato2011-2014/2014/Lei/L13005.htm>. Acesso em: 18 maio 2017.

_____. *Lei n. 13.146, de 6 de jul. de 2015 – Institui a Lei Brasileira de Inclusão da Pessoa com Deficiência (Estatuto da Pessoa com Deficiência).* Brasília: Congresso Nacional, 2015a.

_____. *Orientações para implementação da política de educação especial na perspectiva da educação inclusiva.* Brasília: Ministério da Educação, 2015b.

ENRIQUEZ, E. *Da horda ao Estado: psicanálise do vínculo social.* Rio de Janeiro: Jorge Zahar, 1990.

FERNANDES, M. I. *Negatividade e vínculo: a mestiçagem como ideologia.* São Paulo: Casa do Psicólogo, 2005.

HOBBES, T. [1651]. *Leviathan.* Londres: Penguin Classics, 1981.

KAËS, R. "Realidade psíquica e sofrimento nas instituições". In: KAËS, R. *et al. A instituição e as instituições.* São Paulo: Casa do Psicólogo, 1991, p. 1-39.

SASSAKI, R. K. "Paradigma da inclusão e suas implicações educacionais". In: CAMPELLO, M. *Editorial do Fórum 5.* Brasília: Ines, 2014, p. 2-7. Disponível em: <http://www.ines.gov.br/wp-content/uploads/2014/04/forum5-old1.pdf>. Acesso em: 26 mar. 2015.

4. A medicalização na educação
Patrícia Vieira

NOS ÚLTIMOS ANOS, TEMOS acompanhado pelos meios de comunicação e pelas redes sociais a polêmica sobre o uso abusivo de medicação na infância e na adolescência.

É comum ouvirmos nos corredores das escolas os jargões da linguagem médica e o nome desse ou daquele remédio. Além de ensinar, o professor agora deve ministrar atentamente as gotinhas ou cápsulas milagrosas que garantem a tranquilidade (ou não) na sala de aula.

Este capítulo abordará a questão da medicalização na educação. Não se trata de defender ou atacar o uso dessas substâncias, mas de esclarecer e propor um espaço de reflexão sobre a importância de a educação restabelecer o seu papel social e recuperar o seu campo.

Não há o que questionar sobre o benefício trazido pela biotecnologia à saúde, ao bem-estar e à qualidade de vida de pacientes que tanto sofriam com suas dores físicas ou psíquicas. O uso dos exames de imagem, os estudos genéticos e os fármacos permitiram diagnósticos mais precisos e precoces, além de tratamentos mais eficazes para doenças crônicas.

O que suscita questionamento é o uso abusivo, precoce e idealizado de fármacos em substituição ao trabalho educativo e às dores normais da vida, como o luto. A busca desenfreada do corpo perfeito, do desempenho sexual invejável e de filhos obedientes tem atropelado a subjetividade humana e, muitas vezes, impossibilitado experiências e conflitos fundamentais para o desenvolvimento.

Uma criança que não para quieta, desobediente, que não se encaixa em determinado padrão social é imediatamente diagnosticada e medicada sem que ninguém tente entender o que se passa em sua mente ativa.

Armando, Menezes e Vieira (2014, p. 6) escrevem sobre o uso indiscriminado de medicação em crianças em idade escolar: "[...] Dessa maneira, desconsidera-se que, para além da educação e da adaptação, ela é um sujeito em construção, procurando lidar com suas pulsões". Acrescento que os diagnósticos em crianças em fase de desenvolvimento são instáveis e passíveis de variação ao longo dos anos. O pequeno sujeito está ainda tentando lidar com seu mundo interno (fantasias e sentimentos) e com as exigências da realidade externa.

Então, como ajudar pais e educadores na difícil decisão de fazer ou não uso de determinada substância que talvez aumente a educabilidade e o rendimento escolar dos alunos? Um bom início seria a diferenciação das palavras "medicar" e "medicalização".

Segundo o *Novo Aurélio século XXI* (Ferreira, 1999), "medicar" denota o ato de empregar remédios. Já "medicalização" seria uma junção das palavras "medicar" e "idealização". Seu significado remete ao ato ou efeito de tratar um problema social ou cultural, de dimensão coletiva, como de foro psiquiátrico, de dimensão individual, generalizando o uso de medicamentos.

De acordo com Aguiar (2004), o conceito de medicalização foi inicialmente proposto por Irving Zola em 1972. Usado na sociologia, referia-se à expansão da jurisdição da profissão médica a novos domínios, em particular àqueles que diziam respeito a problemas considerados de ordem moral/espiritual ou legal/criminal. Aos poucos, problemas sociais foram transformados em "doenças" a ser tratadas. A subjetividade e a diversidade são relegadas a segundo plano; o que se busca por meio da medicalização é a homogeneidade e a garantia do sucesso terapêutico, alienando o sujeito desse processo.

De acordo com Guarido (2008, p. 20),

os estudos em história da educação e a sociologia da educação procuraram enfatizar a maneira como o saber médico sobre as doenças foi utilizado para explicar as experiências de fracasso escolar, assim como buscaram analisar como tal saber atravessou a prática escolar de forma a produzir um "projeto" de educação para a saúde.

Um exemplo prático de medicalização encontra-se no número considerável de professores afastados da sala de aula por questões de estresse, depressão e doenças somáticas. Faz-se necessário combater as más condições de trabalho dessa categoria e a pouca valorização social que a educação tem em nossa cultura. No entanto, a sociedade precisa discutir o que se pretende com a formação de nossas crianças e o papel da escola, além de questionar a qualidade da relação entre pais e filhos. Portanto, a questão é muito mais ampla do que um simples ato de medicalizar.

Na convivência com educadores por meio de cursos, grupos de estudos e consultorias, presencio uma demanda cada vez maior de diagnóstico e laudo médico, tanto de crianças que se beneficiam da lei de inclusão como daquelas que apresentam problemas de aprendizagem. Tais diagnósticos são esperados pelos professores como um elixir ou um tônico para o trabalho pedagógico.

A metodologia e a prática escolar ficam vinculadas ao saber médico ou clínico (psicólogos, psicanalistas, psicopedagogos), substituindo assim o saber que antes era do professor e das famílias. Diante disso, podemos-nos perguntar: o que mudou na relação entre professores e alunos? Que impacto a invasão do discurso médico provoca na sala de aula?

Em princípio, observa-se a subordinação da educação a esses outros saberes, bem como a desvalorização do conhecimento e da experiência que os educadores acumulam. A diversidade de estilos de aprendizagem torna-se patologia e as famílias ficam fora da cena educacional de seus filhos – afinal, a criança já está diagnosticada e medicada. Portanto, a responsabilidade se transfere para o tratamento e para a competência da escola de traduzir a hipótese diagnóstica e se adequar a ela.

Dentro dos princípios da educação inclusiva está a premissa de que a relação substitui a lógica classificatória que ainda domina nosso sistema educacional. A relação pressupõe o encontro de dois ou mais sujeitos e toda gama de comportamentos decorrentes desse encontro.

Na sala de aula, esses padrões de comportamento colorem e dão o tom à relação entre quem ensina e quem aprende. O que tenho proposto para uma nova abordagem das dificuldades de aprendizado e para a inclusão escolar é exatamente o reforço na relação e a busca de uma pedagogia que crie novos caminhos de ensino, a fim de que as aprendizagens deles decorrentes levem cada indivíduo a um processo amplo de formação humana.

Como transformar a instituição escolar que prima pela objetividade em um espaço de subjetividade é um desafio para os personagens envolvidos com a temática da inclusão e da educação, mas já há caminhos traçados nesse sentido, como o trabalho da educação terapêutica proposto por Kupfer (2010). A educação terapêutica propõe que a noção de sujeito da psicanálise seja o fundamento das práticas educativas, que teriam como objetivo "a retomada do desenvolvimento global da criança, quanto à retomada da estruturação do sujeito do Inconsciente e à sustentação do mínimo de sujeito que uma criança possa ter construído" (p. 27).

A autora ainda ressalta que "a escola de nossos dias busca ser inclusiva supondo que bastará incluir ou pôr para dentro de seus muros uma ou outra criança diferente, quando se trata, ao contrário, de produzir profundas e estruturais mudanças, que permitam a introdução da noção de diferença em seu fundamento educativo".

A singularidade e as diferenças de nossos alunos devem ser as ferramentas de um trabalho pedagógico. Abafar ou negar as diferentes possibilidades de ser não ajuda no processo de aprendizagem e de inclusão. Igualar todos os sujeitos por meio de códigos, comportamentos ou categorias não fornecerá elementos para uma aproximação efetiva dos recursos daquele indivíduo.

Muitas crianças matriculadas em escolas regulares respaldadas pela lei de inclusão são conhecidas na sala de aula e no discurso tanto dos pais como dos professores pelo nome de sua patologia. É comum ouvir "Tenho um aluno com transtorno do espectro autista (TEA), um Down, um com Transtorno do Déficit de Atenção e Hiperatividade (TDAH)", e assim por diante.

A mudança estrutural e profunda à qual se refere Kupfer começa exatamente pelo reconhecimento do sujeito, ou seja, ele está numa escola pelo desejo de aprender, por ter determinada possibilidade de buscar o conhecimento, e não pelo poder da lei – que, na tentativa de igualar, acaba acentuando as diferenças.

Outro conceito que talvez possa nos ajudar a elaborar uma proposta pedagógica que contemple a subjetividade é o de solicitude, definido por Meirieu e citado por Rubinstein (2003, p. 151):

> A solicitude é, ao mesmo tempo, a preocupação com sua parte de responsabilidade no destino do outro e o estímulo para que ele também tome parte de seu destino. É o fato de ser tocado, afetado pelo outro, tomado de compaixão em relação a ele e de querer, simultaneamente, interpelá-lo para que ele próprio se conduza.

Segundo essa ideia, o educador seria um mediador, um interrogador que auxilia a criança a buscar e organizar seus pensamentos, os fenômenos que se apresentam. E, sobretudo, aquele que aguça no aluno o espírito investigativo diante da vida. Acompanhar um aluno em seu processo de aprendizagem é sentir-se responsável e preocupado consigo e com o outro. É ter compaixão no sentido de estar tocado pelo outro durante essa difícil travessia chamada de aprendizagem.

Não se trata de uma postura sentimentalista ou onipotente, em que o autoritarismo do saber impera sobre o outro ainda em constituição, mas de uma posição em que todos são responsáveis pela relação professor/alunos/conhecimento. Quando me refiro a alunos, refiro-me a todos indistintamente, pois enquanto a escola utilizar a nomenclatura "aluno de inclusão" ela ainda será expulsiva e, portanto, pautada pela lógica da classificação e pelo princípio da integração, em que um se adapta ao todo, independentemente de quem ele seja.

Uma escola democrática inclui, é para todos e para cada um; nesse sentido, seus eixos principais são o respeito pelas diferenças e a convivência num espaço onde todos aprendam de maneira singular e criativa. A possibilidade de aprender, de produzir e ser "autor" do seu processo de conhecimento é uma meta a ser atingida por todos, cada um a seu tempo e por caminhos apropriados.

Gostaria de compartilhar uma experiência pessoal que acredito ser ilustrativa de todos os conceitos e ideias apontados neste capítulo.

No ano de 2010, quando iniciei meus estudos sobre inclusão, deparei com uma situação típica da sala de aula que me possibilitou compreender como esse assunto pode ser simples e complexo ao mesmo tempo.

Fui chamada para prestar consultoria a uma escola pública da região Sul da cidade de São Paulo. A diretora me avisou que havia um problema grave com um aluno autista e que, apesar de todas as reuniões com médicos e psicólogos, a dificuldade permanecia. Marquei um estágio de observação para ter uma ideia do problema citado pela diretora.

Pedro[1] cursava o sétimo ano do ensino fundamental II e tinha 16 anos de idade. Logo no início do dia, na hora da chamada, ele apresentava agitação motora e ficava repetindo compulsivamente "eu". Em meu segundo dia de observação, constatei que a professora pulava o nome dele da chamada, fato que disparava no garoto o comportamento citado. Após a aula, numa conversa com

---

1. Nome fictício.

a professora e a equipe de educadores, apontei essa atuação como uma forma de ele se fazer presente no grupo. A professora explicou que o menino era gago; portanto, ela achava menos constrangedor pular seu nome a fazê-lo dizer "presente". A partir daí, ficou determinado que naquela turma todos poderiam responder à chamada com o "eu".

Há pouco afirmei que as questões que envolvem a inclusão escolar são ao mesmo tempo simples e complexas. Na experiência que tive com Pedro e sua professora, o simples estava na mudança da maneira de realizar a chamada. A observação e a intervenção foram pontuais e trouxeram alívio tanto para Pedro como para a educadora.

A parte complexa está exatamente na maneira como a inclusão tem sido encarada em nossa sociedade: coloca-se o aluno para dentro da escola e depois se pensa no que fazer com ele. O despreparo docente, a pressão dos pais, a ameaça da lei e a dependência de laudos e avaliações clínicas fomentam as atuações de todos os alunos na sala de aula.

Pedro ficava aflito por não ser considerado pertencente à sua classe, por estar lá não estando. Via-se incluído por um benefício da lei, mas não era considerado um sujeito capaz de responder à chamada – tanto por sua professora, que, ao tentar protegê-lo acabou expondo-o mais, quanto por seus colegas, que ignoravam a sua agitação.

Ao ser chamada para fazer consultoria numa escola, minha posição é bastante delicada, pois meu suposto saber não pode desconsiderar a relação entre as pessoas que estão na instituição todos os dias e acumularam vivências tão importantes quanto o meu conhecimento sobre inclusão. É fundamental autorizar-se a pensar e buscar uma resposta dentro da prática dos educadores. Esse seria o início do que chamo de empoderamento do papel do professor.

Não excluo a importância do acompanhamento médico, psicológico ou psicopedagógico; ao contrário, o que proponho é

AUGUSTO GALERY (ORG.)

uma parceria complementar em que cada um teria o seu papel e juntos todos seriam responsáveis pelo bem-estar daquele sujeito. Condutas impostas e isoladas nem sempre cooperam para a saúde dentro das instituições educacionais.

Comecei o capítulo conceituando a medicalização e, ao longo do texto, fui propondo a retomada possível do campo da educação e do papel do professor. Para encerrá-lo, deixo aqui uma citação de Amaro (2004, p. 79): "Viver o cotidiano é viver desafios. Construir caminhos possíveis para a adaptação a cada nova condição ou situação". Essa seria a grande tarefa de todo educador e ser humano que se propõe a redesenhar a escola e a educação como um todo. Fica o convite para viver o cotidiano de maneira criativa, lúcida e saudável, pois os desafios nos conduzirão a novas buscas num processo sem fim, mas de muito prazer.

REFERÊNCIAS

AGUIAR, A. A. de. *A psiquiatria no divã – Entre as ciências da vida e a medicalização da existência*. Rio de Janeiro: Relume Dumará, 2004.

AMARO, D. G. "Observação do aluno no cotidiano escolar". In: SCOZ, B. J. L; PINTO, S. A. M. *Psicopedagogia: contribuições para a educação pós-moderna*. Petrópolis: Vozes; São Paulo: ABPP, 2004.

ARMANDO, G. G.; MENEZES, L. S.; VIEIRA, P. "Introdução". In: *Medicação ou medicalização?* São Paulo: Primavera; Sedes Sapientiae, 2014.

FERREIRA, A. B. de H. *Novo Aurélio século XXI: o dicionário da língua portuguesa*. 3. ed. Rio de Janeiro: Nova Fronteira, 1999.

GUARIDO, R. L. *O que não tem remédio remediado está: medicalização da vida e algumas implicações da presença do saber médico na educação*. Tese (mestrado em Educação), Universidade de São Paulo, São Paulo (SP), 2008.

KUPFER, M. C. "A educação terapêutica: uma nova abordagem das relações entre psicanálise e educação". In: KUPFER, M. C.; PINTO, F. S. C. *Lugar de vida, vinte anos depois – Exercícios de educação terapêutica*. São Paulo: Escuta/Fapesp, 2010.

RUBINSTEIN, E. R. *O estilo de aprendizagem e a queixa escolar: entre o saber e o conhecer*. São Paulo: Casa do Psicólogo, 2003.

5. A constituição do sujeito e sua importância na educação
Patrícia Vieira

INTRODUÇÃO: A APRENDIZAGEM PSICODINÂMICA

AO LONGO DOS ÚLTIMOS anos, muitos autores têm aproximado a psicanálise e a educação. O objetivo de tal aproximação é a inserção do conceito de sujeito, além do entendimento abrangente dos processos de aprendizagem. Sara Paín (1985, p. 23), referência para a educação e a psicopedagogia, conceitua a aprendizagem da seguinte maneira:

> É um processo dinâmico que determina a maneira do sujeito lidar com a realidade. É um efeito da articulação de esquemas. O objetivo da aprendizagem seria a melhora na relação com a realidade. Ela seria mais rápida se a necessidade, ou melhor, o desejo de aprender for do sujeito.

A aprendizagem é possível pela articulação das seguintes dimensões: a biológica (sistemas do corpo humano), a social (transmissão da cultura), a cognitiva (inteligência) e a afetiva (constituição do sujeito). Segundo Paín (1985), todo bebê nasce com a capacidade, herdada biologicamente, de sugar. Quando há demanda, esse esquema é posto em ação e repetido sempre que reconhecido, por meio de sinais. A condição biológica é o motor que possibilita ao ser humano agir em direção aos objetos e se relacionar com eles, aprimorando seus esquemas.

Somente a dimensão biológica – ou orgânica, como foi chamada por Fernández (1990) – não é suficiente para que a aprendizagem aconteça; é apenas parte de um sistema que inclui a dimensão afetiva pelo contato com o outro significativo que prepara carinhosamente o terreno para que o conhecimento seja compartilhado.

O aluno não levanta hipóteses aleatoriamente. Ele parte de um sinal prévio interno que dispara seus esquemas e recria o conhecimento que estava no outro. Os esquemas encontram-se no sujeito, mas é necessária a presença de outro para que eles possam entrar em ação captando os sinais, ampliando, generalizando a experiência e transformando-a novamente em conhecimento.

Paín (1996) também fala da *relação pendular*, que corresponde a um movimento de aproximação da criança com sua produção (fazer), seguido de um afastamento para que ela possa olhar o produto – movimento esse fundamental à aprendizagem. Se a criança não olha o que faz, é importante que o professor a ajude, não só para operar possíveis adequações por meio do olhar, mas sobretudo para enamorar-se daquilo que é capaz de fazer.

Portanto, na sala de aula é necessário que o educador considere não só o desenvolvimento cognitivo e a funcionalidade do aparato biológico de seu aluno. A relação que se estabelece entre essas dimensões é a grande chave para entendermos as dificuldades e as modalidades de aprendizagem dos estudantes.

Os problemas de aprendizagem são fruto da desarticulação entre essas esferas, o que acarreta um aprisionamento da inteligência ou um empobrecimento dos recursos cognitivos e, consequentemente, do processo de aprendizagem.

Nos problemas de aprendizagem reativos, a inteligência não fica impedida de funcionar; a questão está no conflito entre o sujeito da aprendizagem e a instituição educativa. Infelizmente, esse é o conflito mais presente em nossas instituições e o tratamento dirige-se diretamente à escola e não ao aluno.

Para aprender, portanto, muitas peças articuladas estão em jogo – e, quanto mais flexíveis forem o olhar e a interação entre os participantes, mais saudável será esse processo. Assim, o conceito de aprendizagem que utilizarei ao longo deste capítulo apresenta uma característica dinâmica de interação das dimensões que constituem o sujeito da aprendizagem e também o professor.

A SUBJETIVIDADE NA SALA DE AULA

A Lei de Inclusão tem proporcionado muitas reflexões e mudanças na prática escolar. Para incluir, é preciso que tanto a escola quanto a sociedade mudem. É importante uma transformação interna de cada sujeito diante da diversidade e dos desafios que ela nos impõe.

Quando falamos em mudança e superação de desafios em relação à inclusão, não estamo-nos referindo somente às adaptações para receber esses alunos nas instituições escolares. A grande transformação está em identificá-los como sujeitos com direitos e uma história que não se restringe ao seu diagnóstico.

Essas crianças entram nas escolas por força de uma lei e por serem portadoras de alguma síndrome ou transtorno. É comum os pais se apresentarem na escola como pais de um Down, de um TEA, de um Aspeger... O nome da criança vem sempre depois. Desse modo, ela começa sua história dentro da instituição por meio de seu quadro clínico, o que demarca o espaço que ocupará no grupo de alunos e de professores: ela será o aluno de inclusão.

A principal contribuição da psicanálise para a inclusão escolar está em mostrar a pais e educadores que por trás de um diagnóstico há um sujeito que deve ser considerado em sua singularidade. Só assim ele será incluído e, quem sabe, deixe de ser o aluno de inclusão para ser apenas um aluno.

A escola que se propõe inclusiva trabalhará com uma proposta que contemple os diferentes estilos de aprendizagem e a relação que se estabelece entre todos os envolvidos nesse processo. A escola será mais um espaço de auxílio à constituição psíquica desses alunos, promovendo encontros, vínculos, atividades e espaço para o sujeito vir a ser.

Como o educador poderá ajudar o aluno a se constituir e a ser respeitado dentro de suas possibilidades e estimulado a ir adiante em seu processo de aprendizagem? É fundamental que ele saiba que desde o início o bebê humano necessita do outro, pois se encontra desamparado e invadido por necessidades biológicas que não consegue suprir sozinho. É um verdadeiro caos, pois o desamparo biológico e psíquico provoca grande angústia. O eu, no início, é apenas um eu corporal. Quando alguém nasce, tem somente um corpo, sendo essa a sua primeira imagem. Os afetos e as sensações são sentidos no corpo e por meio dele.

Portanto, o pequeno bebê necessita dos pais na proporção direta de sua fragilidade. A idealização e o estado fusional com a mãe[1] são importantíssimos para a sobrevivência psíquica e biológica. Esse estado inicial de fusão com a mãe, em que o bebê acredita que todo o universo é constituído por ele próprio, foi denominado por Freud *narcisismo primário*. Isso ocorre porque há uma mãe que diz e faz seu bebê acreditar que ele é tudo para ela. Uma dupla na qual não entra mais ninguém.

O narcisismo primário pode ser entendido como aquele reservatório de confiança e autoestima que será utilizado para que as crianças superem ao longo da vida os desafios e as frustrações inerentes ao crescimento. Para uma criança que tenha alguma dificuldade, é fundamental que um dia alguém lhe tenha conferido a condição de ser único e capaz de enfrentar obstáculos.

Nessa linha, podemos dizer que o professor que aposta em determinado aluno tem resultados, pois a partir de seu narcisismo o estará encorajando a ir além do que ele imaginava. É o outro fundamental que nos sustenta com o seu desejo e nos faz acreditar em nossas possibilidades.

O repertório de cuidados e a presença materna na lida com o bebê incluem o modo de amar da mãe. Quando ela troca o bebê, fala

---

1. Neste capítulo, a palavra "mãe" será utilizada no sentido de função materna, ou seja, papel que pode ser desempenhado por qualquer indivíduo e não somente pela mãe biológica.

A ESCOLA PARA TODOS E PARA CADA UM

com ele, o alimenta, canta e olha para ele, faz-lhe cócegas, nina-o e banha-o, age no sentido de constituir os acervos e substratos para que a função simbólica, a inteligência e todo o resto se desenvolvam.

No encontro com seu aluno, o educador proporciona atividades adequadas, brinca e estimula diversas linguagens – como a música e a plástica – e também, de certa forma, cuida tanto do laço social como de seu processo de aprendizagem. Está atento às demandas e sobretudo aos pequenos movimentos e aquisições oriundas do contato sujeito da aprendizagem e sujeito ensinante.

A vida psíquica será possível por meio dessas experiências constantes, além dos cuidados e das modulações oferecidas pela função materna na medida justa (a mãe suficientemente boa, conceito defendido por Winnicott), pois todos nós sabemos que a mesma mãe que oferece também priva e frustra. A vivência da ausência é fundamental para que o bebê adquira a capacidade de simbolizar, tão importante na arte de brincar e de aprender. Também é por meio das "faltas" maternas que o bebê começa a deparar com a realidade, saindo assim do prazer sempre satisfeito. É por esse cuidado materno que o bebê se humaniza e também é inserido na cultura.

De início, o funcionamento mental é regido pelo processo primário (princípio do prazer) e, mais tarde, pelo processo secundário (princípio da realidade). Os processos primários se caracterizam por um livre escoamento de energia psíquica, ou seja, pela busca compulsiva de alívio e de redução das tensões internas (tudo pelo prazer e satisfação garantida sem trabalho). Em oposição, os processos secundários, bem mais trabalhosos, implicam o adiamento da satisfação direta. O ego nascente do bebê consegue planejar a ação, adiando a satisfação na esperança de um prazer maior ou mais adaptado à realidade.

O sujeito abre mão do alívio direto de suas tensões por um amor maior, por querer agradar e corresponder aos anseios e aos mandatos dos adultos significativos. Essa primeira relação com regras, rotinas e exigências corresponde às aprendizagens iniciais que ocorrem no seio familiar e sustentarão no futuro a aprendizagem formal no ambiente escolar. Aprendemos – ou não – porque alguém muito precioso nos confere esse desejo e esse lugar de ser capaz de realizar tal empreendimento.

DOS CONCEITOS À PRÁTICA

Com base nos conceitos trabalhados até aqui, é preciso questionar de que forma um educador se beneficiaria do uso dessas ideias na sala de aula e, especificamente, na rotina da escola que se propõe a atender às demandas da inclusão.

Assim como a mãe (entendida aqui como função) e seu investimento libidinal são fundamentais para que o sujeito possa vir a ser, acredito que o professor, em sua relação com o aluno, também o seja. Tanto o aluno quanto o professor, ao se encontrarem em sala de aula, compartilham suas inscrições e subjetividades conjuntamente com os conteúdos a ser aprendidos. Há muito tempo acredita-se que nessa relação professor-alunos todos aprendem e todos ensinam. Os saberes e as tradições culturais se entrelaçam com o conhecimento, enriquecendo a rotina sala de aula.

Em minha experiência com professores tanto em cursos de formação como em consultorias, sou convocada a falar sobre técnicas e métodos mais eficazes para a aprendizagem de crianças com graves comprometimentos psíquicos. As perguntas giram em torno de diagnóstico, patologias, encaminhamentos necessários para garantir sua aprendizagem e convivência na sala de aula. Pois o caminho que proponho agora é o de abandonar as certezas, os ideais, e investir na pesquisa, na pergunta e, sobretudo, no encontro com o outro – seja este sujeito ou objeto de conhecimento, como uma teoria.

Para iniciar esse caminho da indagação diante do outro, compartilho a seguir o depoimento de uma professora de ensino fundamental da rede pública:

A ESCOLA PARA TODOS E PARA CADA UM

Recebi Pedro em minha sala de aula sem ter a mínima ideia de quem era nem do que fazer com ele. No primeiro ano, as crianças já iniciaram seu processo de alfabetização e Pedro nem falava, apenas grunhia e se arrastava pela sala. As crianças se assustavam com ele, mas também tentavam contato com esse amigo tão diferente. Éramos 25 alunos, Pedro e eu perdidos em nossas dúvidas e em nossas tentativas de fazer algo. Como vou alfabetizar esse aluno até o final do ano? Como darei conta dele na sala e nas atividades com outras crianças? Nem sei o que ele tem, se é deficiente intelectual ou autista... Enfim, não sei de onde ele veio nem para onde vai.

Essa professora relata a sua angústia, seu fracasso e sua impotência diante da tarefa de receber e conduzir Pedro e os demais alunos de sua turma. Esse tipo de relato pode ser encontrado com facilidade nos grupos de professores das escolas públicas e particulares. A maneira que essa professora encontrou para aliviar seu desconforto foi a busca de conhecimento, ou seja, um grupo de estudos no qual ela teria as respostas para suas dúvidas e uma nova possibilidade de ensinar.

Também poderíamos analisar esse desabafo por meio do conceito de *função de reconhecimento* proposto por Alfredo Jerusalinsky (2012). Segundo ele, é pelo verdadeiro olhar e pela função cuidadora da mãe que o sujeito pode ser visto e reconhecido em sua real condição. É pelo reconhecimento de quem é que o sujeito se sente encorajado a ir além de sua constituição.

Diz o autor (*ibidem*, p. 19-20): "Para que a função de reconhecimento se opere, para que a função especular se opere, é necessário que a função materna se estenda até o ponto em que as condições constitucionais da criança permitam um encontro".

É essa qualidade de encontro que acredito ser necessária na relação professor/aluno, na qual, para além das técnicas e dos procedimentos, estejam presentes dois sujeitos que se reconheçam e se encorajem mutuamente a continuar, a ir adiante de suas possibilidades. Como adultos, devemos ir ao ponto em que está a criança, identificar suas possibilidades e, por meio da relação, propor outro espaço de aprendizagem – onde seu ritmo, seu desenvolvimento e, sobretudo, seu ser sejam respeitados.

O verdadeiro encontro é aquele que tem significado tanto para quem ensina como para quem aprende. Entreter uma criança no espaço escolar não implica um encontro significativo. Quantas crianças estão matriculadas nas escolas regulares, mas acabam passando o dia se deslocando entre a biblioteca, a secretaria e a sala da orientação justamente por não terem sua singularidade vista e considerada? O fato de estar no grupo não implica estar incluída do ponto de vista da aprendizagem: é preciso participar do processo e produzir conhecimento. É para esse fim que o aluno está matriculado na escola regular.

Não se trata de "maternar" a criança nem de incentivar um vínculo que não é necessário no contexto escolar. A função de reconhecimento está no olhar cuidadoso e reconhecedor do adulto que lança à criança desafios suportáveis, instigando a busca de novas condições de aprendizagem.

Reconhecer o sujeito no espaço escolar é ir além da anamnese detalhadamente preenchida pelos pais ou dos laudos clínicos. Esses instrumentos são importantes, mas a escola necessita de instrumentos próprios da pedagogia – como a observação minuciosa da criança durante uma brincadeira – para construir, assim, uma proposta pedagógica individualizada. Um projeto escrito com base na relação professor-aluno independentemente de o aluno ser portador dessa ou daquela síndrome.

Voltando ao depoimento da professora, saber o que fazer com Pedro implica ter alguns momentos individuais com ele (espaço diferenciado como o proposto no atendimento educacional especializado) e propor brincadeiras e atividades para inseri-lo gradativamente na turma. Deixar o aluno solto na sala sem nenhum olhar diferenciado não é inclusão e, em médio prazo, será um espaço de angústia e de atos impulsivos, destrutivos para todos os envolvidos na cena.

A ESCOLA PARA TODOS E PARA CADA UM

Reconheço que a angústia do educador é pertinente. Na tradição da pedagogia ainda atrelada ao pensamento moderno, o educador tem todas as ferramentas para desencadear o processo de ensino/aprendizagem. A escola que pretende ser inovadora aceita o jogo da improvisação e do não saber *a priori*, mas que diante de um conflito se propõe a pensar em possíveis caminhos.

Incluir de verdade significa pensar no indivíduo que carrega uma história única, acreditar que por trás de toda diferença há alguém que precisa ser visto e encontrado no olhar no outro. Não se trata de deixar o sujeito caminhar no seu processo livre e sem rumo; ao contrário, é trilhar esse caminho com ele – ora facilitando, ora problematizando, mas sempre junto, oferecendo o alimento na hora e na dose certas.

Na medida em que o educador sustenta sua prática norteado pelo sujeito, estará mais livre das amarras excessivas dos métodos e técnicas a ser seguidos. Ouvir e reconhecer o sujeito são os primeiros passos para incluir e para acreditarmos que em aprendizagem nada está predeterminado.

Para encerrar, gostaria de reforçar a ideia de que a educação tem de ser transformada no sentido de recuperar seu valor social e de atender a todos e a cada um. Só assim haverá uma escola democrática. Não se trata de tarefa fácil, e somente a lei não conseguirá resolver uma questão social; assim, incluir é um trabalho de todos nós. Todos estamos incluídos no universo de exclusão que é a educação brasileira.

REFERÊNCIAS

JERUSALINSKY, A. "Quais são as condições prévias para uma verdadeira inclusão familiar, social e escolar das crianças com problemas no desenvolvimento?" In: FERNANDES, C. M.; RASSIAL, J. J. (orgs.). *Crianças e adolescentes: encantos e desencantos*. São Paulo: Instituto Langage, 2012.

FERNÁNDEZ, A. *A inteligência aprisionada.* Porto Alegre: Artes Médicas, 1990.

PAÍN, S. "Dimensões do processo de aprendizagem". In: *Diagnóstico e tratamento dos problemas de aprendizagem.* Porto Alegre: Artes Médicas, 1985, p. 15-20.

_____. *Subjetividade e objetividade – Relação entre desejo e conhecimento.* São Paulo: Cevec, 1996.

WINNICOTT, D. W. *O brincar e a realidade.* Rio de Janeiro: Imago, 1975.

6. Desenvolvimento, aprendizagem e avaliação na perspectiva da diversidade
Deigles Giacomelli Amaro

QUANDO INICIEI O ACOMPANHAMENTO de alunos com deficiência nas escolas regulares, era comum ouvir de seus professores: "Percebo que ele está se socializando mais, se desenvolvendo... Mas 'aprendendo as atividades do pedagógico, mesmo', acho que não... Ele não acompanha o desenvolvimento e as atividades dos outros colegas".

Essa fala me incomodava bastante. Como seria possível verificar que o aluno estava se desenvolvendo, socializando, mas não aprendendo? Desenvolvimento e aprendizagem não são processos inter-relacionados? E, se assim o são, o progresso no desenvolvimento não corresponderia a uma abertura para o progresso no aprendizado? Que aprendizado os alunos tinham de ter para que os educadores considerassem que eles "estavam acompanhando os demais alunos"? E por que a necessidade de acompanhá-los mas não de valorizar o que estavam aprendendo, da forma como podiam[1]?

Recorrer aos estudos de Piaget, Vigotski, Wallon, Winnicott, Freud e de autores que tratam da avaliação como processo e numa perspectiva formativa foi fundamental para retomar minha segurança de que estudar numa escola regular, com colegas

---

[1]. Essas e outras inquietações motivaram a elaboração e a defesa da dissertação de mestrado *Indícios da aprendizagem de crianças com deficiência em escolas de educação infantil – Roteiro de observação do aluno no cotidiano escolar*, defendida por mim e orientada por Lino de Macedo no Instituto de Psicologia da Universidade de São Paulo em 2004.

AUGUSTO GALERY (ORG.)

sem deficiência, é favorável aos processos de desenvolvimento e de aprendizagem de alunos com deficiência – desde que respeitados alguns princípios para as relações estabelecidas no cotidiano escolar.

PRINCÍPIOS GERAIS

Os sujeitos se constituem, se desenvolvem e aprendem nos processos de interação com as pessoas com quem convivem, no meio do qual fazem parte, com os objetos que o circundam. Todos esses processos demandam necessariamente relações, sejam elas entre pessoas, entre pessoas e objetos, entre operações cognitivas e entre funções psicológicas.

Cada autor citado antes estudou recortes e elementos diferentes envolvidos nesses processos e, portanto, traz contribuições com olhares distintos. Porém, todos reconhecem uma inter--relação entre desenvolvimento e aprendizagem e entendem a interação social como essencial para que ambos ocorram. Assim, o termo "relação" é fundamental quando falamos de desenvolvimento, aprendizagem e avaliação.

Para Piaget e Inhelder (1999), há quatro fatores responsáveis pelo nosso desenvolvimento/evolução mental: *maturação, experiência, interação social* e o processo de *equilibração*.

A *maturação* diz respeito aos sistemas nervoso e endócrino – ao crescimento orgânico de modo geral. Tais sistemas conferem algumas características e possibilidades evolutivas a cada sujeito.

A *experiência* refere-se à ação que realizamos sobre os objetos para compreender e abstrair suas características e, também, à relação que estabelecemos entre um objeto e outro, um fato e outro.

A *interação social* é o que o próprio nome diz: agir de forma interativa com o social, sendo este representado pelas pessoas que fazem parte do nosso contexto de vida.

Os autores consideram esses três fatores interdependentes, isto é, complementares (um complementa a ação do outro), irredutíveis (um fator não é o mesmo e não se reduz ao outro) e indissociáveis (para que o desenvolvimento ocorra, é necessário que todos eles se realizem). Compreendem, ainda, que eles são coordenados pelo processo de *equilibração*. Este diz respeito ao movimento evolutivo que ocorre quando, diante de uma situação que se constitua uma perturbação ou um novo desafio, o sujeito tem de mobilizar seus esquemas de ação e pensamento para gerar respostas adaptativas a ela. Esse movimento segue em espiral, propiciando a evolução cognitiva do sujeito.

Imaginemos um bebê, Eduardo, no berçário de uma escola. Em determinado momento, sentado, ele observa atentamente o que está ao seu redor: o movimento das professoras, dos seus colegas, dos objetos que estão em torno dele... até que vê outro colega, João, brincando com um potinho e uma bolinha. Eduardo foca a atenção no que João está fazendo, começa a engatinhar, dirige-se a ele e tenta pegar a bola que está na sua mão. João reage, assustado, e deixa cair a bola e o potinho. Os dois, nesse momento, prestam atenção à bola rolando e saem em direção a ela, Eduardo engatinhando e João deitando-se e rolando em direção ao local a que a bola se dirigiu. A bola vai parar embaixo da mesa, local que nenhum dos dois consegue alcançar. Um olha para o outro, João olha para a professora e começa a apontar a bola com uma leve expressão de choro, dando a entender que quer ajuda para pegá-la. Já Eduardo tenta colocar a cabeça embaixo da mesa com a intenção de resgatá-la. Nenhum dos dois, naquele momento, consegue pegar a bola sem a intervenção da professora. Ela afasta a mesa e libera a barreira que impede João e Eduardo de alcançá-la. Os dois continuam se movimentando, cada um a seu jeito, para pegar o objeto. Porém, percebemos que João não mais rola, mas tenta fazer com o corpo um movimento parecido com o que Eduardo fez. Não chega a engatinhar, mas pela primeira vez movimenta-se de uma forma nova.

Podemos identificar os quatro fatores responsáveis pelo desenvolvimento, conforme descritos por Inhelder e Piaget (1999). Eduardo e João tinham sistemas maturacionais diferentes, apresentando recursos neurológicos, físicos e cognitivos diferenciados. Vivendo um mesmo contexto – a sala de um berçário –, eles estavam expostos e impelidos a movimentos de interação social com as outras pessoas e de experimentação constante com os objetos que faziam parte desse ambiente. Os acontecimentos ocorridos – o interesse que Eduardo teve pela bola com que João brincava e o fato de esta ter caído da mão dele – trouxeram uma "perturbação" para ambos, que, para resolver a situação-problema (pegar a bola), usaram os recursos que já haviam desenvolvido (chorar, por exemplo) e também criaram novos (João se movimentou de uma forma diferente). Durante toda essa situação, tanto Eduardo quanto João estavam se desenvolvendo num movimento evolutivo em que todos esses fatores eram interdependentes. Assim, toda vez que havia um progresso em um dos fatores, a maturação do seu sistema neurológico também progredia, bem como sua interação social e a possibilidade de resolução da situação pelo processo de equilibração.

Para Piaget (1974), todo o processo descrito corresponde ao que chamou de Desenvolvimento Senso Amplo. Porém, o autor considera que, ao longo desse processo, ocorrem momentos de aprendizagem *stricto sensu*, tal como quando João movimentou o corpo de forma diferenciada pela primeira vez. Esse acontecimento pode ser considerado uma "aprendizagem"; a partir desse momento, esta é incorporada aos seus esquemas de ação, oportunizando a continuidade de seu desenvolvimento amplo e desenvolvimento *stricto*: aprendizagem.

Aqui também evidenciamos que, embora sejam "acontecimentos" distintos, desenvolvimento e aprendizagem são processos complementares em que um colabora para o outro.

Se analisarmos diferentes processos que acontecem na vida, verificaremos essa mesma lógica operando continuamente.

Quando aprendemos a cozinhar um prato novo, por exemplo, desenvolvemos nossas habilidades como "cozinheiros" e, aos poucos, tornamo-nos melhores ou mais experientes. E, por termos nos desenvolvido como "cozinheiros", temos mais abertura para aprendermos a cozinhar muitos outros pratos novos. Embora haja outras explicações teóricas e outras formas de constatar essa relação, não é nosso interesse, neste capítulo, aprofundá-las, mas evidenciar que tal relação existe.

Com base nessa constatação, as inquietações iniciais que eu tinha a respeito dos questionamentos trazidos pelos professores dos alunos com deficiência que eu acompanhava foram se tranquilizando. Junto com eles, passei a buscar indícios que demonstravam que as relações estabelecidas no cotidiano escolar estavam provocando desenvolvimento e aprendizagem quando respeitavam cada um, investiam em suas potencialidades e favoreciam o desenvolvimento da autonomia do aluno.

Esse princípio parece simples e coerente, mas a cultura escolar, historicamente constituída, não permite que ele seja um orientador. Observamos que, embora existam todas as construções teóricas e reflexões construtivistas, sociointeracionistas, progressistas ou de "natureza inovadora" na educação, ainda predomina a cultura escolar que apresenta um currículo definido *a priori*, com conceitos "mínimos" que precisam ser aprendidos por "todos", quase sempre utilizando os mesmos procedimentos/estratégias didáticos. E, depois que os professores ensinam, ou "passam a matéria ou o conteúdo" que os alunos devem aprender, exigem "provas" para saber "quanto" aprenderam do que foi ensinado.

Reconhecer que fazemos parte dessa cultura, questioná-la, verificar se há outras possibilidades de pensar e agir a favor do desenvolvimento, da aprendizagem e da "educação" dos alunos são passos fundamentais para que os profissionais da educação se realizem profissionalmente e que a aprendizagem dos alunos de fato tenha qualidade.

Carvalho (2002; 2008) afirma que numa escola inclusiva o professor deve ser um profissional da aprendizagem e não do ensino, uma vez que a necessidade essencial é que o que for realizado dentro do percurso de escolarização deve proporcionar a aprendizagem do aluno.

Lembremos, também, que Freud (*apud* Kupfer, 2002) considerava a tarefa de educar impossível, uma vez que, para ele, só quem pode aprender é o sujeito/aluno, que tece seu circuito de aprendizagem.

Assim, vamos enfocar, neste momento, os processos de aprendizagem que ocorrem, ou não, nos percursos educativos. Em nossas experiências profissionais e de estudo, observamos que em geral a aprendizagem está ligada ao conteúdo curricular e/ou aos componentes curriculares. É frequente ouvirmos: "Este(s) aluno(s) não está(ão) aprendendo o conteúdo que está sendo passado". Por outro lado, os alunos dizem: "Eu não vou bem em matemática, português, história, geografia... Eu não vou bem na escola".

Vejamos trechos do depoimento de um aluno de 17 anos:

Não, eu não vou bem na escola. Esse é o meu segundo ano na sétima série e sou muito maior que os outros alunos. Entretanto, eles gostam de mim. Não falo muito na aula, mas fora de sala sei ensinar um mundo de coisas [...] Eu não sei por que os professores não gostam de mim. Na verdade, eles nunca acreditam que a gente saiba alguma coisa, a não ser que possa dizer o nome do livro no qual a gente aprendeu. Tenho em casa alguns livros: dicionário, atlas, livros de português, matemática, ciências e outros que a professora manda comprar, mas não costumo sentar e lê-los todos, como mandam a gente fazer na escola. Uso meus livros quando quero descobrir alguma coisa. Por exemplo, viajo sempre com meu tio, que é caminhoneiro. Quando ele me convida para fazer entrega num fim de semana, vamos logo procurar num mapa rodoviário o caminho para chegar à outra cidade. Mas, na escola, a gente tem de aprender tudo que está no livro, e eu não consigo guardar. No ano passado fiquei uma semana tentando aprender os nomes dos imperadores romanos. Claro que conhecia alguns, como Nero, César e Calígula. Mas é preciso saber todos juntos e em ordem. E isso eu nunca sei. Também não ligo muito, pois os meninos que aprenderam os imperadores têm de aprender tudo o que eles fizeram. Estou na sétima série pela segunda vez, mas a professora agora não é muito interessada nos imperadores. Ela quer é que a gente aprenda tudo sobre as guerras gregas [...] Eu também não sou forte em geografia. Neste ano, eles falam em geografia física. Durante toda a semana estudamos agricultura de roça no mundo tropical, sistemas agrícolas tradicionais, mas não sei bulhufas. Talvez porque faltei à aula, pois meu tio me levou a Ribeirão Preto, com uma carga de televisão. Trouxemos de lá um carregamento de açúcar, meu tio tinha me dito onde estávamos indo e eu tinha de indicar as estradas e as distâncias em quilômetros. Ele só dirigia o caminhão e eu ia lendo as placas com os nomes das cidades por onde passávamos. Até Campinas contei um montão de fábricas e daí para a frente era só canavial. Mas pra que tanta cana em São Paulo? Paramos duas vezes e dirigimos mais de 600 quilômetros, ida e volta. Estou tentando calcular o óleo e o desgaste do caminhão para ver quanto ganhamos [...] Gostaria de fazer minhas redações sobre as viagens que faço com meu tio. Mas, outro dia, o assunto da redação na escola era: "O que uma rosa leva da primavera"... Não deu... Também não dou para matemática. Parece que não consigo me concentrar nos problemas. Um deles era assim: "Se um poste telefônico, com 12 m de comprimento, cai atravessado em uma estrada, de modo que 1,5 m sobre de um lado e 1 m de outro, qual a largura da estrada?" Acho uma bobagem calcular a largura da estrada. Nem tentei responder, pois o problema também não dizia se o poste tinha caído reto ou torto. Meu pai disse que eu posso sair da escola quando fizer 18 anos. Estou doidinho para isso, porque há um mundo de coisas que eu quero aprender e fazer e já estou ficando velho.

Esse depoimento é atual? Ele foi adaptado do "Depoimento de um aluno", transcrito no Parecer CFE – 2, 164/78. Isso mesmo, um depoimento de 1978! E, se você considerou o relato, no mínimo, familiar, mais um bom motivo para refletir e se engajar em mudanças a favor de processos de aprendizagem que aconteçam, significativamente, dentro dos espaços formais de escolarização.

No relato do aluno fica claro que os processos de aprendizagem são mobilizados por experiências e desafios que sejam significativos para nós. Aprender algo simplesmente porque "está no currículo, é importante e um dia vamos usar", sem que tenhamos clareza e a experiência de ver esse conceito manifestado nos "fenômenos da vida", não torna a "tarefa de aprender" convidativa, muito menos eficiente.

Memorizar, repetir, reproduzir ou, até mesmo, estabelecer relação entre conceitos em que não vejamos utilização "na prática" pode até produzir um efeito de aprendizagem momentânea. Mas será que esta é oportuna para desencadear processos de desenvolvimento e de resolução das situações-problema "reais" que os alunos têm e terão ao longo da vida?

Voltemos à situação dos bebês no berçário. O interesse deles por tudo que os rodeava no ambiente, a mobilização de seus recursos e os novos aprendizados que conquistaram permitiram que cada novo movimento aprendido "ficasse" para lidar com os novos desafios da vida. Eles se originaram de uma situação concreta que "fazia sentido" para os bebês aprenderem.

De forma geral, os processos de escolarização vão gradativamente determinando de fora para dentro *o que* e *como* se deve aprender. A curiosidade por tudo que nos cerca, que observamos claramente num bebê, vai sendo desencorajada na escola, no sistema que decide tudo pelos alunos e não com eles. Na escola em que o professor é aquele que ensina e não o que mobiliza processos de aprendizado. Na escola que quantifica, pela prova ou por outros métodos de medição ou classificação, quanto o aluno aprendeu do que foi ensinado, e não por sua evolução a partir daquilo que é significativo para ele e do trabalho realizado.

Embora, em seu discurso, a escola considere todos os alunos diferentes, na prática ela age da mesma maneira e espera resultados muito parecidos desses alunos. No fundo, ela sabe que eles são diferentes, mas a cultura escolar homogeneizadora que vivemos nos oferece poucas possibilidades para viver essa diferença.

Assim, pergunto: queremos apenas pensar diferente ou também agir de forma diferente? Queremos realmente estar comprometidos com o processo de aprendizagem dos alunos ou responder com "suposto êxito aos exames e resultados esperados pelo sistema", mesmo que saibamos que os alunos estão loucos para sair da escola para poder vivenciar o que faz sentido para eles? Por quanto tempo ainda vamos ouvir a maioria dos adolescentes, crianças e jovens dizer que não gosta de ir à escola, local em que permanecem em média 14 anos de segunda a sexta-feira? Por que essa maioria ainda diz que aquilo de que mais gostam da escola é o recreio/o lanche/a educação física/brincar/encontrar os amigos? Será que a resposta deles não evidencia quanto os alunos – e todos nós – precisam de liberdade, de prazer, de relações significativas para aprender, viver e ser feliz? Até quando a escola será um "sapato pesado[2]" para os alunos e para todos os profissionais que vivem essa cultura escolar?

Diante de todos esses questionamentos, não negamos que a escola deva comprometer-se a favorecer que os alunos aprendam "conteúdos"; estamos mostrando que a aprendizagem implica um "processo de construção cognitiva", que é tão mais significativa quanto mais estiver intrinsecamente ligada a interesses e possibilidades de viver experiências ligadas direta e indiretamente a situações reais na vida dos sujeitos – de cada sujeito. Por isso, a escola para todos (diversidade) é a escola que foca no "cada um" (singularidade). Além disso, desenvolver recursos cognitivos, promovendo a flexibilidade e a autonomia, é um aprendizado também fundamental que a escola pode nos proporcionar.

Tudo que foi exposto aqui e minha história profissional levam-me a constatar que as pessoas com deficiência ou outros transtornos do desenvolvimento explicitam que não é possível

---

2. Recomendo a leitura do belíssimo Capítulo 1 deste livro.

a generalização: as características, habilidades, potencialidades e os interesses de cada aluno devem ser o ponto de partida para mobilizar os diferenciados processos de aprendizagem e desenvolvimento dos estudantes.

Para finalizar este capítulo, que tem a intenção de nos encorajar e subsidiar para que a escola seja para todos os alunos e para cada um, gostaríamos de lembrar quanto cada um de nós tem inúmeras possibilidades de se desenvolver, de aprender, de criar, de transformar a realidade.

Cada educador, professor, profissional da educação pode mobilizar processos de desenvolvimento, de aprendizagem e de avaliação, considerando:

- Qual é o nome de seu aluno? Quais são seus interesses, habilidades e potencialidades?
- Que atividades ele gosta de realizar?
- Quais são os conceitos/conteúdos/conhecimentos possíveis de ser articulados e, assim, aprendidos de forma mais significativa, permitindo que ele resolva os desafios que já tem e outros que surgirão na vida cotidiana e profissional?
- Quais são as formas mais favoráveis para ele aprender? Lendo sozinho ou com um colega? Observando ou ouvindo alguém falar sobre o assunto? Pesquisando o tema? Quando precisa criar um objeto, uma atividade, um jogo, um exercício sobre aquilo? Quando ele escreve? Quando ele vê um vídeo?
- Quais são os lugares dentro e fora da escola mais oportunos para favorecer os processos de aprendizado para esse aluno?
- Que tipo de organização do espaço e do material mais incita e mantém sua curiosidade e seu desejo de aprender?
- Quais são os desafios que mais o instigam a querer aprender?
- Como envolver os demais colegas/alunos em tarefas de aprendizado colaborativo?
- Seria interessante criar grupos de trabalho para temas diferentes, de acordo com o interesse dos diferentes alunos?

- É possível que os alunos identifiquem os conceitos e conteúdos que gostariam de aprender e de que forma, de acordo com algumas possibilidades norteadoras?
- Qual foi o trabalho realizado a favor da aprendizagem do aluno e sua evolução a partir deste? Em que aspectos ele progrediu e em quais precisa de ajuda? São necessárias mudanças no conteúdo que está sendo oferecido a ele?
- Faz sentido introduzir propostas avaliativas, como registros diários/semanais feitos pelos próprios alunos sobre o que aprenderam, citando exemplos da relação concreta desses conteúdos na vida cotidiana? Além do registro do próprio aluno, é possível um registro do professor com a intenção de realizar um contraponto e uma reflexão sobre o processo de aprendizado do aluno com ele? Essas questões podem ser divididas com os demais alunos e virar um exercício compartilhado?

Tornar a aprendizagem cada vez mais significativa, conectada a todos os alunos, com alegria, amor e articulada à vida é a sua intenção? Se sim, sigamos juntos nesse caminho.

REFERÊNCIAS

CARVALHO, R. E. *Uma promessa de futuro: aprendizagem para todos e por toda a vida.* Porto Alegre: Mediação, 2002.

_____. *Escola inclusiva: a reorganização do trabalho pedagógico.* Porto Alegre: Mediação, 2008.

KUPFER, M. C. M. *Freud e educação: o mestre do impossível.* 3. ed. São Paulo: Scipione, 2002.

PIAGET, J. *Aprendizagem e conhecimento.* Rio de Janeiro: Freitas Bastos, 1974.

PIAGET, J.; INHELDER, B. *A psicologia da criança.* Rio de Janeiro: Bertrand, 1999.

7. A diversidade nas questões com o aprender
Andreia Pinto

QUANDO PENSO NAS QUESTÕES que envolvem o aprender, vejo que o valor dado ou não a conteúdos, conceitos, relações, prazos, tarefas, regras, avaliações, metas, desafios, notas, sucesso, fracasso, dificuldade, êxito e ritmo, currículo, entre outros, pode representar positiva ou negativamente o processo de formação e a história de cada sujeito envolvido no contexto educacional.

A tomada de consciência e a ação reflexiva do educador sobre sua experiência profissional têm contribuído para que algumas mudanças aconteçam no modo como se ensina e se aprende na escola. O mal-estar presente hoje dentro e fora dos muros da instituição educacional desencadeia mudanças acerca da relação professor-aluno e da necessidade de dar *zoom* no que realmente é significativo e prioritário ensinar e aprender.

Quando olho para a minha história como aluna, pergunto-me: naquela época a aprendizagem era mesmo significativa? Era possível estabelecer relações entre o que aprendíamos na escola e as experiências que vivíamos fora dela? Aprendia-se de fato ou éramos repetidores de conteúdos que pertenciam somente ao espaço da sala de aula? É possível pensar que nesse modelo educacional, ainda comum em muitos lugares, se levem em consideração a diversidade, os direitos e os deveres de cada educando, dos educadores e dos demais profissionais que fazem parte dessa instituição?

Segundo Macedo (2004/2005, p. 17), "a escola de hoje deve mudar a visão que a de ontem construiu sobre si mesma, sem esquecer em sua crítica aquilo que era valioso". A escola vai se modificando de acordo com a necessidade da sociedade e da cultura da época, mas conservando sua essência, seus valores e seus ideais.

A ação reflexiva da prática docente mobiliza-me cada vez mais para a necessidade de nos unir na construção de uma escola para todos e cada um, onde todos têm os mesmos direitos e de fato a aprendizagem se faça presente.

Mas onde identificar os primeiros deslocamentos? Como iniciaremos essa construção? Quais são os valores e ideais que precisam permanecer nesse espaço de partilha, ensino e aprendizagem?

Acredito que o primeiro passo possa ocorrer dentro da sala de aula, na maneira como o educador conduz a sua turma e consegue identificar no mesmo tempo e espaço aquilo que é essencial para cada um e para todos. Percebo nesse contexto que o primeiro movimento de mudança consiste na construção do grupo – quando os alunos, mediados pelo professor, aprendem a conviver, a respeitar as diferenças e a compartilhar saberes e conhecimentos.

Sei que a princípio tudo parece acessível e fácil, mas na realidade não acontece dessa maneira. Os educadores e educandos de hoje não são como os de outras épocas, assim como as relações entre as pessoas no sistema educacional e na vida também são muito diferentes.

Segundo Macedo (2010), o tempo de ensinar é regulado pelo relógio, pelo calendário escolar, pela organização do currículo. É feito de prazos, tem um começo e um fim. Já o tempo de aprender é singular, depende de como ocorreu o desenvolvimento e a aprendizagem de cada sujeito, de como ele se relaciona com as pessoas, com o conhecimento e consigo mesmo.

Levando em consideração esses aspectos, como regular o tempo da escola no cumprimento dos prazos e dos conteúdos a ser trabalhados e avaliados, com o tempo interno de cada educando, a fim de respeitar o seu ritmo no desenvolvimento de habilidades fundamentais para a aprendizagem escolar? Esse é o grande desafio educacional da contemporaneidade, na qual jovens, adolescentes e crianças estão cada vez mais acostumados com respostas imediatas, recursos avançados e experiências cada vez mais individualizadas. Mesmo em grupos, as pessoas estão solitárias. É urgente a mudança. A escola precisa adequar-se aos novos tempos – repensando práticas, adaptando currículos e investindo na formação docente a fim de atender às necessidades dos educandos dessa nova época.

Nada disso é novidade, e apesar da urgência sabemos que ainda é nas mãos do educador que fica a maior responsabilidade. Nesse sentido, que marca pretendo deixar em cada educando? Que valores a escola precisa resgatar, não só com os alunos, mas também com as famílias? Que parcerias deve construir para que seus alunos resgatem o desejo de aprender e aceitem o desafio que essa escolha demanda?

Antes de refletir sobre as questões que envolvem o aprender na sala de aula, sinto-me desafiada a resgatar meu processo de aprendizagem, retomando a minha trajetória e articulando teoria e prática para justificar a necessidade de mudança no perfil do educador desse novo tempo, assim como no cotidiano escolar.

A TRAVESSIA COMEÇA...

Desde menina eu brincava de escolinha. As bonecas, os bonecos, a lousa, o giz, as carteiras e a mesa da professora formavam o cenário. As ações naquele tempo e espaço reproduziam a realidade vivida no cotidiano da sala de aula.

Não me lembro de castigos ou punições na brincadeira, mas recordo que representava no faz de conta as peraltices que alguns alunos aprontavam. Também dramatizava a maneira como a professora conduzia a turma. Ela ocupava o lugar do adulto detentor do conhecimento e seu principal objetivo era transmiti-lo aos alunos, que deveriam estar atentos e obedientes ao cumprimento das regras e dos deveres escolares.

Então me pergunto: que marcas dessa época permanecem até hoje? De que maneira reconheço em meu fazer pedagógico as experiências positivas que vivi como aluna na infância? Quais delas identifico como negativas e como busco ressignificá-las? Como o meu vínculo nessa relação com o outro e com o conhecimento me ajudou a tornar-me autor/sujeito da aprendizagem?

Lembro-me de muitos professores e principalmente das peculiaridades de cada um em sua maneira de ensinar. Não me sinto prejudicada ou menos competente pela forma como aprendi na escola, mas reconheço que quando assumi a docência senti a necessidade de ressignificar muitos dos conceitos aprendidos nas séries iniciais do ensino fundamental. E, hoje, percebo a importância de ajudar os pais a compreender como os conhecimentos são construídos nas diferentes disciplinas e nos anos da escolarização de seus filhos.

Ressignificar conceitos e construir novos conhecimentos possibilitaram que eu me colocasse no lugar de aprendente. Viver a experiência do não saber me tornou mais sensível para reconhecer o que o outro sente quando não sabe e quando finalmente descobre, compreende, relaciona e se apropria do novo.

APRENDENDO A ENSINAR, ENSINANDO PARA APRENDER

Assim que concluí o ensino fundamental, cursei o magistério e, por volta do terceiro ano, decidi que faria Pedagogia com habilitação em Deficiência Mental, pois gostaria de lecionar na educação especial. Então, concomitante ao magistério, fiz um curso de formação na Apae.

Durante os estágios no magistério, acabei cumprindo alguns horários na classe especial – que, segundo a Lei de Diretrizes e Bases da Educação Nacional de 1996 era definida como

A ESCOLA PARA TODOS E PARA CADA UM

uma sala de aula em escola do ensino regular, em espaço físico e modulação adequados, onde o professor especializado na área da deficiência mental utiliza métodos, técnicas, procedimentos didáticos e recursos pedagógicos especializados e, quando necessário, equipamentos e materiais didáticos específicos, conforme série/ciclo/ etapas iniciais do ensino fundamental (1ª a 4ª séries). A ação pedagógica da classe especial visa ao acesso ao currículo da base nacional comum, a ser complementada em cada sistema de ensino e estabelecimento escolar por uma parte diversificada, promovendo avaliação pedagógica contínua para a tomada de decisão quanto ao seu ingresso ou reingresso no ensino regular. Alunado: alunos que apresentam dificuldades acentuadas de aprendizagem e quadros graves de deficiência mental ou múltipla, que demandem ajuda e apoio intensos e contínuos.

Algo naquela sala me incomodava; eu percebia que muitas das crianças que ali se encontravam não tinham deficiência, mas dificuldade de aprender os conteúdos porque, por não terem o mesmo ritmo da maioria dos estudantes da sala comum, levavam mais tempo para concluir as atividades e precisavam de estratégias diferenciadas para construir conceitos. Será que, de fato, precisavam estar naquele espaço? Hoje, muito afetada pelo poder que as palavras exercem na constituição do sujeito, penso: o que é ser "especial"? Quando e por que uma sala ou um indivíduo é especial? Especial em quê?

Em alguns dicionários on-line da língua portuguesa, entende-se por especial aquilo que não é geral; que é individual, singular, específico, exclusivo. Nesse sentido, especial somos todos – com nossas capacidades, dificuldades e demais características.

Será que a maior dificuldade era mesmo do aluno? Ou será que o professor não conseguia flexibilizar sua prática para atender às necessidades específicas de um e de todos os educandos ao mesmo tempo?

Segundo Macedo (2005, p. 33), "afirmar que o ensino de 'ontem' era pautado pela lógica da exclusão, mesmo na escola pública, significa dizer que aquela escola organizava-se pela pertinência de seus protagonistas aos critérios que a definiam".

Articulando o que o autor define como lógica da exclusão com a realidade da classe comum e da classe especial daquela época, entendo que os alunos eram agrupados com base em algumas características definidas pela instituição: se atendessem a certas exigências dos professores, no que se refere tanto ao ritmo e à aprendizagem dos conteúdos escolares como à disciplina, ao cumprimento de regras e ao relacionamento com os demais colegas, pertenciam a um grupo ou classe; caso contrário, seriam colocados em outro.

Apesar desse incômodo que senti durante os estágios – ou até por causa dele –, concluí a graduação em Pedagogia com habilitação em Deficiência Mental e, já no início do segundo ano desse curso fui aprovada em um concurso público na cidade onde morava, assumindo a função de professora e depois de coordenadora pedagógica em uma escola municipal de educação especial, onde trabalhei por cinco anos.

Durante o período que fiquei nessa instituição, muitos foram os desafios – tanto no que se refere à escolarização, que envolvia a inclusão de alguns alunos na educação infantil e no ensino fundamental de escolas municipais, como à necessidade de profissionalização de jovens e adultos que não tinham condições de avançar na aprendizagem dos conteúdos escolares, mas podiam desenvolver habilidades em outras situações, como nas oficinas pedagógicas.

O processo de inclusão iniciou-se em 1994, com alunos com deficiência auditiva e Síndrome de Down, nas escolas de educação infantil do município. Essas crianças permaneciam na escola no tempo normal de aula e em outro período realizavam atendimentos terapêuticos na escola de educação especial, de acordo com suas necessidades específicas: fonoaudiologia, psicologia, fisioterapia e acompanhamento pedagógico.

Lembro-me de que não foi fácil implantar o projeto e, mesmo quando já estava em andamento, muitas foram as dificuldades, uma vez que os educadores das escolas regulares não tinham formação em educação especial. O vínculo com a equipe da escola foi fundamental para a continuidade do projeto, no que se refere tanto ao suporte técnico educacional oferecido às professoras como ao acolhimento às famílias, que muitas vezes se sentiam inseguras na sustentação dessa prática.

Para a implantação da oficina pedagógica, foram necessários o envolvimento e a parceria da equipe interdisciplinar da escola, na busca de uma fundamentação teórica que justificasse a criação desse espaço, bem como a análise do contexto no qual esses jovens e adultos estavam inseridos.

Durante a observação e a coleta de dados das necessidades do grupo, foram levados em consideração aspectos relevantes do desenvolvimento e da aprendizagem de cada um dos educandos. Também foram levantadas informações relacionadas ao contexto econômico e social das famílias dos alunos envolvidos no projeto.

De acordo com o Projeto Escola Viva (Ministério da Educação, 1996, p. 23):

[...] Embora a questão do trabalho permeie todas as etapas da escolaridade e níveis de ensino, a oficina pedagógica é a instância responsável pela 1ª etapa – Iniciação para o Trabalho –, historicamente realizada nas escolas especiais governamentais, ou nas organizações não governamentais. Cabe a ela o ensino de competências e habilidades básicas, essenciais para o funcionamento do aluno em todas as instâncias da vida em comunidade, e especificamente na instância do mundo ocupacional [...].

Durante a sua implementação, foram necessárias a adaptação de um novo espaço e a aquisição de novos recursos, tanto relacionados a mobiliário, ferramentas e materiais específicos para as atividades como à formação dos educadores envolvidos nesse trabalho. O grupo participou de feiras e eventos da cidade, divulgando e comercializando os produtos confeccionados nas oficinas.

AUGUSTO GALERY (ORG.)

Outro projeto realizado nessa instituição, criado em 1992, foi o grupo teatral "Viv'art". Os jovens e adultos pertencentes a ele participavam duas vezes por semana de aulas de expressão corporal e dramatização. Na época, uma peça foi montada e chegou a ser apresentada para a família dos alunos e aberta para a população da cidade. A peça "Renascendo o sonho" também foi apresentada, em 1993, na Semana da Pedagogia da Faculdade de Educação da Pontifícia Universidade Católica de Campinas. Esse trabalho foi gratificante, pois resgatou nesses jovens e adultos o *sentimento de competência* (um dos critérios de mediação, segundo Feuerstein) e o desejo de continuar desenvolvendo algo no qual se sentiam valorizados e felizes. As aulas eram ministradas por uma das professoras, que além de pedagoga era membro do grupo de teatro "Andaime" da Universidade Metodista de Piracicaba (Unimep).

Como o grupo de educandos participantes desse projeto era bem heterogêneo, algumas adaptações foram feitas durante as aulas, nos ensaios e na montagem do cenário, assim como no preparo do palco para as apresentações. A peça valorizava a expressão corporal de seus integrantes e havia poucas falas dos personagens. Eles reconheciam a mudança de cenas pela sonoplastia, que sutilmente avisava o que aconteceria. Como participavam do grupo jovens com deficiência auditiva, no palco havia um jogo de luzes que também sinalizava a hora exata da entrada de cada artista na dramatização e no enredo da peça.

Segundo Gomes (2002, p. 95)

[...] o mediador deve promover no mediado uma crítica eficaz, relativa à conscientização do que ele já produz de forma competente, ou do que ele possa vir a produzir. A grande oportunidade para mediar o sentimento de competência do mediado ocorre quando o mediador acessa o potencial cognitivo então "adormecido".

Resgatar o sentimento de competência desses jovens e adultos foi fundamental para que eles tomassem consciência de seu po-

A ESCOLA PARA TODOS E PARA CADA UM

tencial de aprendizagem, valorizando-se e tornando-se mais autônomos e participativos. Compartilhar essas conquistas com a comunidade e os familiares fortaleceu e encorajou educadores e educandos no enfrentamento de novos desafios.

O JOGO COMO FERRAMENTA: A CONSTRUÇÃO DE UM NOVO ESTILO NAS AULAS DE MATEMÁTICA

Em 1996, me mudei para São Paulo e por sete anos fui professora de matemática em uma escola particular de educação especial. Nessa época, eu já concluíra o curso de pós-graduação em Psicopedagogia e estava iniciando a monografia.

Nos primeiros meses como educadora nessa escola, eu já me fazia perguntas acerca do processo de aprendizagem dos educandos durante as aulas. Sentia que precisava ressignificar minha aprendizagem nessa disciplina para compreender melhor o processo de cada aluno, em cada turma.

Como a intervenção com jogos, fundamentada nos pressupostos teóricos de Jean Piaget, deixou marcas significativas durante o curso de Psicopedagogia, resolvi que a minha pesquisa se voltaria para a construção das estruturas operatórias por meio de jogos e desafios nas aulas com adolescentes que apresentavam deficiência mental. Alguns alunos participaram como sujeitos nessa pesquisa.

> Sabendo que existe, entre os alunos com deficiência mental, a necessidade maior de atuar sobre os objetos e que talvez em alguns casos isso ocorra por mais tempo ou por toda a vida, propusemo-nos a desenvolver uma intervenção com o auxílio de jogos e atividades que possibilitam a manipulação, a resolução de problemas utilizando objetos e o estabelecimento de relações entre estes, criando condições para a construção das estruturas de conservação das quantidades discretas, classificação, seriação, soma e subtração. (Pinto, 1997, p. 14)

A necessidade de ensinar matemática me mobilizou a buscar recursos e ferramentas que tornassem significativa a minha aprendizagem nessa disciplina. Foi então que descobri que eu não havia compreendido muitos dos conceitos, mas apenas memorizado, por meio de mecanismos e algoritmos, entre outras regras e técnicas.

À medida que me coloquei no lugar de sujeito da aprendizagem, ressignifiquei conceitos e descobri que tinha muito a aprender. Hoje sei que, para identificar a angústia ou a dificuldade dos alunos, assim como reconhecer o seu potencial, o educador precisa viver a experiência da ressignificação, da valorização, da dificuldade, do prazer e da descoberta.

Se naquela época, envolvida com as questões do aprender na educação especial, eu reconhecia a importância da experiência com jogos, desafios e resolução de problemas na aprendizagem de matemática, hoje, no ensino regular, tenho certeza de que só dessa maneira a aprendizagem nessa disciplina – e em todas as outras trabalhadas na escola – é significativa e pode despertar nos educandos o desejo e o prazer de aprender.

Segundo Zaia (2012, p. 53) "será desafiador o jogo que solicitar ações e reflexões um pouco acima das possibilidades atuais da criança, mas interessante o suficiente para que ela deseje ultrapassar obstáculos".

Depois de um tempo utilizando os jogos como ferramenta nas aulas, percebi que alguns alunos ainda realizavam jogadas egocêntricas. Não levavam em consideração a presença do outro na partida e tinham dificuldade de internalizar as regras. O jogo parava sempre que eu me afastava da dupla ou do grupo. Senti que precisava buscar novas estratégias e viver a experiência do jogo em outros contextos, a fim de fundamentar a prática docente e abrir novas possibilidades no uso desse instrumento.

Eu identificava a falta de repertório linguístico nos alunos, tanto para fazer perguntas como para explicar suas estratégias no decorrer das partidas. Sentia dificuldade de conduzir os questionamentos sem que fosse preciso dar as respostas. Queria chegar à necessidade de cada um, para identificar o que impedia que desenvolvessem as habilidades necessárias a fim de melhorar o seu desempenho no jogo e em outras situações da vida acadêmica. Segundo Campos (2012, p. 60),

> quando o educador sente a necessidade de avaliar os processos de pensamento da criança, defronta com um grande obstáculo: o pensamento infantil é pouco acessível ao observador, pois as verbalizações são insuficientes, frequentemente incompletas e desconexas.

Foi então que participei dos primeiros cursos de jogos no Centro de Estudos e Seminários de Psicopedagogia, em São Paulo, e logo depois fiz a formação em Programa de Enriquecimento Instrumental (PEI), nível I, com fundamentação teórica na Modificabilidade Cognitiva Estrutural (MCE) e na Experiência de Aprendizagem Mediada (EAM), de Reuven Feuerstein.

Entrar em contato com essa fundamentação teórica, articulando esse novo conhecimento à prática com jogos, desencadeou mudanças na maneira como eu fazia as intervenções em sala de aula. Passei a valorizar mais a singularidade e o potencial de cada educando, observando atentamente as suas estratégias enquanto jogavam, a fim de fazer perguntas que provocassem deslocamentos e os conduzissem a níveis mais avançados de desenvolvimento. Entendi que a pergunta desencadeadora de mudanças era aquela que estava "colada" na necessidade do sujeito e o mobilizava a pensar e agir de maneira mais consciente. Olhar o processo de aprendizagem de cada educando possibilitou a flexibilização/adaptação de materiais e procedimentos durante as intervenções com jogos e em outras situações de aprendizagem.

De acordo com Campos (2012, p. 60), "a habilidade de interrogar para orientar o raciocínio e a conscientização dos alunos demanda uma reflexão por parte do educador e uma preparação prévia de perguntas e de exemplos".

As contribuições da metodologia dos quatro modos de jogar (Macedo, 2000, p. 18) e da Experiência de Aprendizagem Mediada (Reuven Feuerstein) possibilitaram que, com base em um mesmo jogo, levando-se em consideração a necessidade de cada um e de todos ao mesmo tempo, a aprendizagem da turma acontecesse. Durante o trabalho, diferentes modalidades de jogo foram exploradas e adaptadas, de acordo com as dificuldades e potencialidades do grupo.

Depois de certo tempo, o desejo de aprender se tornou mais visível, mais presente nas aulas. Havia uma reciprocidade que antes não se notava. Os alunos mais participativos traziam movimento e dinamismo, convidando aqueles mais quietos e inseguros a participar da brincadeira, do jogo, do aprender. E o que começou nas aulas de matemática passou a fazer parte de outras aulas, em outras disciplinas, espaços e situações de aprendizagem.

Os jogos desencadeadores de mudanças, tanto nos alunos como nos professores, faziam parte do grupo de jogos de alinhamento e deslocamento. Contarei um pouco dessa experiência que tornou significativa a nossa aprendizagem e me ajudou a construir um estilo próprio de ensinar e aprender na escola.

O USO DO JOGO E AS CONTRIBUIÇÕES DA EXPERIÊNCIA DE APRENDIZAGEM MEDIADA (EAM) NO CONTEXTO ESCOLAR

A escolha dos jogos de alinhamento surgiu com base na análise dos conhecimentos prévios dos alunos. Pertencentes ao mesmo grupo que o Jogo da Velha, os jogos Ta-Te-Ti e Lig 4 também pediam o alinhamento de peças na mesma posição. Vencia o jogador que primeiro alcançasse esse objetivo.

Assim que concluí a formação em PEI, pude articular a teoria da Modificabilidade Cognitiva Estrutural e da Experiência de Aprendizagem Mediada (EAM) de Reuven Feuerstein com a metodologia dos quatro modos de jogar (Macedo, 2000), durante uma pesquisa da qual fui sujeito. A proposta da pesquisadora (Campos, 2004) era a de desenvolver, nos professores pertencentes a esse grupo de estudo, competências e habilidades fundamentais para o uso de estratégias mediadoras na construção do conhecimento de seus alunos, durante as intervenções com jogos em sala de aula.

Estar aberta à necessidade que cada educando precisava desenvolver fez que eu aprendesse a controlar minha ansiedade, a selecionar melhor o que gostaria de abordar em cada jogo e a ter mais clareza nos questionamentos que deveria fazer e das adaptações que precisaria realizar, tanto nas regras como na estrutura de cada jogo a ser trabalhado.

Entre os muitos aspectos observados durante a pesquisa, considero alguns fundamentais, uma vez que permeiam até hoje a minha prática em sala de aula no ensino regular.

FOCO NO EDUCADOR

Uma das estratégias utilizadas nas intervenções com jogos foi a manutenção do foco no professor-mediador. Para isso adaptamos o tabuleiro do jogo Lig 4 (que tem como objetivo o alinhamento de quatro peças da mesma cor nas posições horizontal, vertical ou diagonal) na parede da sala de aula. Dessa maneira, eu poderia garantir a sustentação da atenção no jogo sem que ele fosse interrompido toda vez que eu me afastasse.

FIGURA 1. Modelo adaptado do Lig 4 durante a pesquisa. (Campos, 2004)

	A	B	C	D	E	F	G
1							
2							
3							
4							
5							
6							

DIVISÃO EM EQUIPES DIVERSAS

Quanto mais heterogêneas as equipes, maior a troca entre seus pares. Na vez de cada grupo, os alunos mediados pelo professor opinavam sobre o melhor lugar para colocar a peça em cada jogada. Às vezes, os que já eram capazes de fazer antecipações conseguiam convencer os colegas, explicando o motivo da escolha.

SISTEMA DE COORDENADAS: DAR NOME AOS LUGARES

Nomear os espaços onde as peças seriam colocadas favoreceu a identificação das posições (horizontal, vertical e diagonal), a ampliação do vocabulário do jogo (internalização de conceitos) e a melhor orientação espacial dos alunos em relação à colocação das peças no tabuleiro. Também permitiu que alguns deles deixassem de utilizar gestos para comunicar-se verbalmente, durante as jogadas e em outras situações do cotidiano.

USO DE PALAVRAS-CHAVE RELACIONADAS AO RACIOCÍNIO DO JOGO

Para que as estratégias dos alunos melhorassem durante as partidas, foram apresentadas algumas palavras que estavam diretamente relacionadas às operações mentais e às habilidades cognitivas que precisavam ser desenvolvidas.

Primeiramente, o significado de cada uma era identificado pelo grupo, discutindo-se de que maneira elas apareciam em diferentes contextos e situações. Depois, conversávamos sobre a importância de cada uma no jogo. Elas eram coladas na parede, aleatoriamente, em volta do tabuleiro. Por exemplo: identificar, planejar, impedir, localizar,...

Com o tempo, escrevemos algumas frases, como:

- Controlar a pressa/impulsividade.
- Pensar antes de jogar.
- Ficar atento à jogada do adversário.
- Localizar-se no espaço.
- Analisar as possibilidades.

- Fazer uma escolha.

Lembro-me de um aluno que evoluiu em suas estratégias quando iniciamos a mediação do vocabulário do raciocínio do jogo. Enquanto jogava, ele apontava para a palavra que utilizaria naquele momento e dizia em voz alta: "Olha lá, vou pensar antes de colocar. Vou impedir você!" Acredito que, ao contar o que pensava, tomava consciência das próprias ações e sentia-se mais seguro para escolher a melhor estratégia sem perder o foco. Suas ações no jogo tornaram-se mais conscientes. Nosso objetivo era que, aos poucos, ele transferisse esse conhecimento para outros espaços de aprendizagem.

DIVISÃO DOS ALUNOS EM GRUPOS MENORES DURANTE AS JOGADAS

No decorrer de algumas partidas, identificamos alunos que estavam construindo boas estratégias e já poderiam competir entre si, em grupos menores. Para algumas duplas e trios, apresentamos o tabuleiro original do jogo, em que a abstração seria maior devido à antecipação da queda das peças.

ESCOLHA DE MEDIADORES PARA OS PEQUENOS GRUPOS

Percebemos a necessidade de orientar os alunos que já sabiam jogar bem para que fossem mediadores dos colegas nos grupos menores. Um desses alunos foi um ótimo mediador até o final da pesquisa e continuou exercendo esse papel em outras situações de aprendizagem, sendo valorizado pela equipe do colégio e pelos colegas. Assumiu no período oposto a função de estagiário nas intervenções com jogos. O jogo e o aprender o mobilizaram tanto que seus olhos brilhavam sempre que se via diante de um desafio.

AMPLIAÇÃO DO ESPAÇO E AQUISIÇÃO DE MOBÍLIA
MAIS ADEQUADA ÀS INTERVENÇÕES COM JOGOS

Com o tempo, novos recursos foram necessários. Como o novo professor/mediador e eu dividíamos o mesmo espaço, precisamos de um lugar maior e por isso começamos a utilizar o pátio coberto da escola, onde também foram colocadas mesas quadradas e cadeiras para a realização das atividades com jogos.

TRANSCENDÊNCIA DAS HABILIDADES DESENVOLVIDAS NAS INTERVENÇÕES COM JOGOS PARA OUTRAS SITUAÇÕES DE APRENDIZAGEM

As oficinas com os jogos de alinhamento aconteciam duas vezes na semana, nas aulas de matemática, mas os conhecimentos explorados/adquiridos nesses momentos passaram a ser trabalhados em outros contextos e por outros professores.

O professor de educação física propôs atividades que favorecessem o desenvolvimento de certas habilidades que percebia deficitárias, como a orientação de tempo e espaço, a autonomia para cumprir ordens verbais e deslocar-se pelo colégio a fim de buscar algo ou dar um recado, o controle da impulsividade, a clareza daquilo que precisavam executar etc. A professora de artes utilizou a estrutura do jogo, inclusive com o sistema de coordenadas (nome dos lugares), para ampliar e reduzir desenhos (em diferentes níveis de complexidade). Nas aulas de língua portuguesa, foram utilizadas caça-palavras e palavras cruzadas (também respeitando o nível de desenvolvimento e aprendizagem de cada aluno).

Em matemática, adaptei outros jogos com a mesma estrutura do Lig 4, mas que utilizavam cálculos para alinhar as peças. Foram inseridos jogos de soma, subtração, multiplicação e divisão. Diferentes situações-problema dos jogos trabalhados também foram apresentadas aos alunos.

TOMADA DE CONSCIÊNCIA DOS PRÓPRIOS PROCESSOS DE APRENDIZAGEM

No final das oficinas de jogos, sempre retomávamos o que tínhamos realizado naquele dia, a fim de mediar a tomada de consciência das ações e do que foi aprendido. Em geral, os alunos comentavam sobre uma boa jogada ou um momento interessante do jogo. Também relatavam eventuais dificuldades. Os alunos dos trios e os alunos mediadores costumavam articular melhor o jogo ao aprendizado de novas estratégias e às vezes registrávamos, na lousa ou em um papel, uma frase construída coletivamente, com a nossa mediação (minha e do professor). Exemplo: "Devemos pensar antes de colocar a peça no tabuleiro, para fazer uma boa jogada".

O tempo nessa fase foi maior para observarmos mudanças. A maioria dos educandos avançou em relação às estratégias durante as jogadas, mas poucos conseguiram transpor o que aprenderam para outras situações do cotidiano.

Uma das funções cognitivas desenvolvidas no contexto jogo foi o controle da impulsividade, o que ajudou na construção de melhores estratégias no decorrer das partidas. Além disso, alguns alunos, ainda com ações egocêntricas, conseguiram perceber o outro na relação, fazendo impedimentos e planejando melhor suas jogadas.

À medida que registro esse processo, tomo consciência de quanto minha experiência na educação especial fundamenta minha prática atual. Vejo cada um dos aspectos citados como norteadores dessa ação pedagógica e da postura do educador que acredita na possibilidade de ensinar na diversidade, mediar na necessidade e aprender com cada aluno e com cada turma um novo conhecimento, uma nova estratégia.

Penso nesses alunos mediadores que de alguma forma me mostraram que podiam mais e me pergunto: como seria se eles estivessem inseridos na escola comum? Por que não lutei por isso naquela época?

Segundo Campos (2012, p. 62), é importante enfatizar que

> não se podem treinar professores em competências, porque elas se formam mediante uma atividade reflexiva, situada no tempo e no espaço. Tampouco se podem engessar os projetos formativos voltados para as competências em programas genéricos e metodologias fixas de capacitação. Isso ocorre porque, mudando o contexto, mudam as formas de ação mais adequadas.

Não podemos esquecer que a flexibilidade e a regulação contínua são elas próprias, condições necessárias ao exercício das competências.

Pretendo articular agora a teoria e a prática utilizadas durante as intervenções com jogos na educação especial com o perfil do educador da escola atual, a fim de desconstruir alguns dos discursos e crenças que permeiam as paredes da escola quando pensamos na construção de uma instituição democrática – aberta para a aprendizagem de todos, mas sem deixar de atender a cada um.

O TEMPO EXTERNO E O TEMPO INTERNO NAS RELAÇÕES COM O APRENDER

Cada vez mais me vejo angustiada pelo tempo dos conteúdos, da grade curricular, das metas antes e durante o período de avaliações, enfim, de tudo que temos de cumprir no cotidiano da sala de aula e da escola. Porém, na verdade, isso não tem ocorrido só no contexto educacional. Sabemos que pouco tempo resta para lazer, descanso, atividades relacionadas à saúde, com as relações, ao prazer de fazer algo diferente, improvisar, deixar acontecer... E, se isso é complicado para os adultos, como ficam as crianças, os adolescentes e os jovens?

A urgência para tudo que é do mundo externo, dos acontecimentos e das demandas do dia a dia vem tomando uma proporção cada vez maior e mais enlouquecedora. É preciso parar. É necessário ouvir a voz de dentro e respeitar os próprios limites. Se temos esses dois tempos que nos guiam, devemos aprender a respeitá-los e equilibrá-los em nossa rotina.

Percebo que existe uma comunicação interna (se é assim que posso chamar) entre os educadores e educandos durante as aulas. Quanto mais ansioso o professor estiver com prazos, metas, conteúdos, ou seja, com o ensinar, mais agitados e desorganizados estarão os alunos. Quando isso ocorre, o aprender fica comprometido. O tempo de ensinar, portanto, deve estar conectado ao tempo de aprender e vice-versa.

Em 2008, quando comecei a lecionar no ensino regular, não tinha ideia de como era a rotina de um colégio particular, com um número considerável de alunos (mais de mil divididos entre educação infantil, ensino fundamental e ensino médio). Acho que estava acostumada a respeitar o processo de aprendizagem de cada um, em cada tempo. Não identificava a necessidade de também levar em consideração o tempo coletivo de um grupo, que embora da mesma faixa etária era tão diverso. Muito menos tinha experiência com tempos curtos para cumprir cronogramas, ensinar e avaliar a aprendizagem dos conceitos e conteúdos.

Hoje, já há oito anos nessa instituição, percebo que é possível ensinar e aprender levando em consideração esses dois tempos. Quando o educador flexibiliza sua prática e cria na sala de aula um espaço onde o trabalho cooperativo acontece, torna a aprendizagem significativa e enriquece as relações do grupo na troca de experiência entre os pares.

Segundo Macedo (2005, p. 139):

> Cooperação expressa a ideia de que todos estão envolvidos em uma tarefa, cooperam juntos, em favor de um trabalho ou projeto. O professor precisa sair da solidão na qual se encontra, porque, sozinho, não suportará a complexidade e a dimensão de sua tarefa.

Ao registrar os aspectos que foram fundamentais no desenvolvimento e na aprendizagem do grupo de alunos na educação especial durante a intervenção com jogos, identifiquei como eles estão presentes em minha prática desde então. Acho importante, portanto, trazê-los para esse contexto atual, comparando e estabelecendo relações entre ambos.

NOMEAR E TORNAR SIGNIFICATIVA A APRENDIZAGEM

Para aprender é preciso nomear. Se faz sentido, fica mais fácil, torna-se prazeroso, motivador. Quando compreendemos o porquê, comprometemo-nos com algo que desejamos conhecer.

Buscar o significado de cada palavra em contextos diversos possibilita que o educador reavalie a sua ação e enriqueça a sala de aula com diálogos, questionamentos, conclusões e argumentações.

Ampliar o repertório dos alunos implica fazer as melhores perguntas, mediando cada resposta e aumentando a necessidade e a vontade de aprender algo novo. Quantas vezes nivelamos por baixo, simplificando demais os conteúdos a ser trabalhados?

Tenho me surpreendido ao ouvir certas colocações, perguntas ou explicações dos alunos acerca de algo que estamos aprendendo. São crianças de 7, 8 anos com um repertório rico, que precisa ser valorizado e estimulado.

Na sala do segundo ano, estávamos estudando sobre o ar e alguns alunos queriam entender as diferenças entre furacões, tufões e ciclones. Para que a aula ficasse mais interessante, escolhi alguns vídeos na internet que explicassem tais diferenças. Encontrei dois de que gostei, mas achei o vocabulário complexo para a idade. Como no "todo" era uma boa explicação, levei para observar o que aconteceria. Solicitei que assistissem sem interromper e disse que depois conversaríamos.

Quando a exposição terminou, abri para perguntas e colocações. Uma das alunas fez uma síntese do assunto abordado. Fiquei surpresa com a maneira como explicou: "Dependendo do lugar onde esses fenômenos acontecem há um nome diferente. O nome é diferente, mas o que acontece na natureza é a mesma coisa. Por exemplo, no Japão tem um nome e nos Estados Unidos tem outro para explicar um mesmo acontecimento".

A mesma garota, na aula de língua portuguesa, quando conversávamos sobre o significado de algumas palavras no texto (antes de procurá-las no dicionário), disse: "Professora, sustança é algo forte, pesado... Eu sei o que quer dizer, mas é difícil explicar..."

A ESCOLA PARA TODOS E PARA CADA UM

Para a palavra "imperceptível", outro aluno acrescentou: "É quando não vemos, não dá para ver", ao que seu colega acrescentou: "É algo que não dá pra perceber, identificar".

Nesse momento um educando, mais tímido, disse: "Eu já sei o significado de 'vocalizações', posso completar o exercício?"

Quando chamei o grupo para ouvir o que o colega tinha a dizer, ele compartilhou o que sabia a respeito dessa palavra: "Vocalizações vem de vozes. Acho que quer dizer o som que os animais fazem".

À medida que o grupo participava da discussão, voltávamos ao texto para conferir se o significado da palavra encaixava-se na notícia, dando-lhe sentido, e depois registrávamos nossas descobertas no livro.

Mediar a identificação dos conhecimentos prévios dos educandos para que tomem consciência do seu potencial de aprendizagem (metacognição) é fundamental em todas as atividades propostas na escola. Quando possibilitamos que isso aconteça, ampliamos a troca de experiências e despertamos a vontade de aprender e compartilhar.

Devemos compreender, no entanto, que uma sala de aula com essa dinâmica não é um espaço silencioso. É claro que precisamos mediar a escuta, o respeito aos combinados e aos colegas muitas vezes durante as discussões. Isso implica que cada educador ressignifique em sua prática o que entende por silêncio e a diferença entre indisciplina e ansiedade, bagunça e participação.

Quando o educador se utiliza de procedimentos como esse e faz uma pausa para que as crianças digam o que já sabem, não está de maneira nenhuma se atrasando no cumprimento dos conteúdos selecionados para aquela semana ou mês, mas preparando o terreno para que seus alunos articulem o que já sabem com algo novo – compreendendo, integrando e apropriando-se de outros conhecimentos.

Para Paín (1985, p. 3):

O conhecimento não pode ser transmitido de chofre, imediatamente; não se pode proporcionar ao sujeito "O conhecimento" tem de se dar um sinal, um signo do conhecimento para que o sujeito possa recriar o conhecimento que está no outro. Recriar é apropriar-se de certas estruturas que se encontram no sujeito, estruturas estas capazes de captar o sinal, o signo e generalizá-las, ampliá-las para que se transforme novamente em conhecimento.

LEVAR O EDUCANDO A DESENVOLVER METACOGNIÇÃO

Aprender a aprender é o grande desafio da escola hoje, uma vez que implica que o sujeito esteja envolvido com a aprendizagem, tenha autonomia para realizar as atividades propostas, veja o erro como parte desse processo e seja capaz de utilizar o que aprendeu em outras situações do cotidiano.

Para articular esse aspecto com a prática em sala de aula, conto a seguir um pouco da trajetória do aluno S., de 8 anos, no terceiro ano do ensino fundamental.

S. iniciou o terceiro ano com alguns entraves no processo de aquisição de leitura e escrita. Apesar de ter consciência dessa dificuldade, não se sentia envergonhado de participar de momentos de leitura com os demais colegas. Lia pausadamente, tentando decodificar cada palavra. Aproveitei-me desse desejo de S. para incentivá-lo nesses momentos, elogiando cada avanço. Sua dificuldade estava na decodificação de letras, sílabas e palavras. S. compreendia bem os textos, desde que sua leitura fosse realizada por um adulto ou outro colega da sala.

Ele fazia acompanhamento com uma fonoaudióloga, duas vezes por semana. Sua escrita também se encontrava um nível anterior ao dos outros alunos. Ele invertia e omitia letras, aglutinava palavras e perdia-se na construção de frases e pequenos textos. Por outro lado, oralmente apresentava um repertório linguístico brilhante. Seu vocabulário era amplo e suas perguntas, explicações e argumentações enriqueciam as discussões em sala de aula.

Como S. sentia-se motivado a aprender e queria superar suas dificuldades, fui mediando o seu sentimento de competência e oferecendo-lhe algumas situações desafiadoras nas atividades de leitura e escrita, a fim de que avançasse para níveis mais abstratos de elaboração, compreensão e produção de textos. Desenvolvemos estratégias que colaboravam para que S. tivesse mais autonomia na realização de algumas tarefas, como: utilizar réguas apropriadas para leitura, colocando o foco em cada linha do texto; grifar durante a leitura algumas palavras e frases que identificava como importantes para buscar e localizar informações durante a interpretação do texto; reler o que escreveu, identificando possíveis erros na escrita ortográfica das palavras; ler primeiro e depois solicitar a leitura do adulto para compreender melhor alguns trechos do texto; ler primeiro as perguntas e depois o texto; fazer um inventário – uma das etapas no processo de aprendizagem citadas por Paín (1985) – em relação às atividades propostas, realizando primeiro aquelas em que tinha maior autonomia.

Algo que também combinei com a família e com a fonoaudióloga estava relacionado aos critérios na correção das atividades avaliativas. Como S. estava consciente do seu processo de aprendizagem, era fundamental que alguns erros (aqueles que sabíamos que tinha condição de identificar e corrigir) fossem assinalados e descontados em todas as disciplinas, assim como ocorria com os demais alunos da turma. Analisamos essa possibilidade, concordamos que era significativa e compartilhamos com S. o que havíamos conversado, antes de "batermos o martelo" para a nossa decisão.

Um dia, quando entreguei as atividades avaliativas para o grupo e pedi que conferissem as correções e identificassem sua aprendizagem, S. veio até a minha mesa com a atividade avaliativa de ciências (sua disciplina preferida) e me perguntou: "Por que não tirei dez nessa avaliação? Me explica?" Pedi que se sentasse ao meu lado e fomos juntos identificando seus erros. Alguns deles eram ortográficos e S. reconheceu a forma correta de escrevê-los.

Aquela cena me acompanhou durante todo o dia. Estaria eu agindo da maneira correta? Será que deveria reconsiderar a forma de descontar os erros na escrita?

Depois de um tempo, quando fizemos novamente algumas atividades avaliativas, S. me chamou em sua carteira e disse: "Será que você pode ficar aqui olhando como eu reviso a minha escrita? Quero identificar os meus erros antes de entregar a atividade". Fiquei ao seu lado e S. conseguiu fazer com autonomia essa análise dos erros. Para cada palavra que apagava e reescrevia, me perguntava se estava corrigindo corretamente. Fui mediando essa revisão e dando-lhe a segurança de que precisava para que continuasse a fazê-la, nessa e em outras situações de aprendizagem.

O caso de S. ilustra a maneira como acredito que um educador possa mediar, em sala de aula, as habilidades e competências de seus alunos e, ao mesmo tempo, auxiliá-los na identificação de suas potencialidades e dificuldades, encorajando-os a prosseguir. É fundamental ter bom senso e responsabilidade acerca das intervenções que fazemos com nossos educandos, para que eles construam autonomia e sejam capazes de levar para outros contextos o que aprenderam na escola.

Hoje, alguns educadores e instituições preocupam-se excessivamente com os *laudos médicos*. É importante enfatizar que não sou contra tais laudos; reconheço sua importância no cumprimento de alguns direitos – como a adaptação de materiais e atividades, as avaliações individualizadas etc.

S. tem um diagnóstico de dislexia, e talvez esse relatório médico lhe traga benefícios/garantias no futuro. Porém, o laudo por si só não justifica a (não) aprendizagem do aluno. A ação pedagógica de cada educador jamais deve estar "colada" ao discurso do laudo. Independentemente do que esse papel nos diz, temos a responsabilidade de mudar a história de cada educando, utilizando diferentes ferramentas, procedimentos, fundamentações teóricas, competências e habilidades que facilitem a aprendizagem.

S. está acompanhando com êxito o quarto ano do ensino fundamental e, além da intervenção fonoaudiológica uma vez por semana, faz duas sessões de psicopedagogia, nas quais há pouco tempo escreveu um livro. S. sabe dos seus limites, mas também reconhece que pode superá-los e tem nos surpreendido sempre.

É importante ressaltar que o trabalho da professora em parceria com as terapeutas e a família tem tornado o aprendizado de S. cada vez mais significativo, assim como seu sucesso e seus avanços, na escola e na vida.

ADEQUAÇÃO DO ESPAÇO, ADAPTAÇÃO E
FLEXIBILIZAÇÃO DE PROCEDIMENTOS E MATERIAIS

Assim como vimos na experiência com jogos na educação especial, no ensino comum é fundamental que pensemos na adaptação e flexibilização de materiais, conteúdos e procedimentos para lidar com a diversidade em sala de aula.

Há um ano, um dos alunos da turma do terceiro ano tinha paralisia cerebral e já no início das aulas o colégio adquiriu uma carteira adaptada às suas necessidades. A princípio temi que aquilo chamasse a atenção das outras crianças, o que felizmente ocorreu de maneira bem positiva: a maioria dos alunos quis sentar-se na cadeira de B., que parecia o trono real. Meninos e meninas experimentaram a sensação de sentar-se nesse lugar. Então me pergunto: como me sinto ao colocar-me no lugar do outro?

Somos nós, os adultos, que criamos o preconceito quando nos sentimos amedrontados por algo que sai dos padrões considerados normais em determinada sociedade. Se conseguirmos tratar da diversidade com naturalidade, uma vez que somos todos diferentes, as crianças de hoje com certeza serão adultos mais abertos e flexíveis no que se refere à forma de ser e estar no mundo.

De acordo com Macedo (2005, p. 117), "muitas vezes somos o que vale o lugar onde estamos ou onde nos colocam. O lugar define nossa posição em relação aos outros".

B. foi colocado em um lugar aparentemente diferente, mas que, visto de maneira natural e acolhedora, contribuiu para que sua relação com os colegas da sala fosse positiva durante todo o ano. Aos poucos, B. foi mostrando para si mesmo e para a turma suas reais dificuldades, que se comparadas às suas potencialidades e a seu carisma passavam despercebidas.

B. era atendido em casa por vários profissionais, desde que nascera. No início do ano, conversei com cada um deles, junto com a equipe do colégio, e, em vários encontros no ano, com sua mãe. Um dos aspectos que levantei para nossa discussão inicial foi o dos registros de B. Extremamente inteligente e com vasto vocabulário, era uma criança muito participativa e responsável. Também era crítico demais em relação às suas produções. Ficava angustiado quando precisava escrever, pois seus amigos já escreviam com letra cursiva e ele ainda não era capaz de traçá-las. O esforço que precisava fazer demandava um tempo enorme, o que o deixava ainda mais nervoso.

Minhas questões eram: será que B. precisava escrever com letra cursiva? O que considerávamos prioridade para B. em seu processo de aquisição da leitura e escrita? Que adaptações poderíamos fazer para que ele se sentisse mais competente e menos angustiado ao realizar seus registros?

Decidimos que naquele momento não cobraríamos dele a letra cursiva, pois privilegiaríamos outras habilidades e competências em seu processo de leitura e escrita. Assim, B. passou a realizar todos os registros em letra bastão. No início, precisamos investir mais tempo em sua organização, qualidade e ritmo do traçado durante os registros.

Também em conversa com os profissionais e com a família, decidimos cobrar a melhor elaboração de frases sempre que B. registrava suas respostas. No início, ele reclamava muito, mas aos poucos foi percebendo que era capaz. Várias vezes folheava o caderno durante as aulas e, admirado, via o seu processo: a letra diminuiu, ficou mais legível; a organização dos enunciados e dos espaços no caderno também melhorou consideravelmente.

Um dia, no segundo semestre, B. me procurou muito angustiado e disse: "Estou muito triste. Fui ao meu médico ontem e ele ficou muito bravo quando a minha mãe falou que eu só escrevia em letra bastão. Ele disse que eu preciso escrever em c-u-r-s-i-v-a! Isso vai mesmo ter de acontecer?" E então começou a chorar.

Confesso que naquele momento fiquei perdida e também me senti traída, indignada! Juntei força e intuição (acredito nessa conexão positiva que temos quando nos envolvemos de verdade em uma relação) e lhe disse que o médico provavelmente não conhecia todo o seu processo de aprendizagem como eu, os terapeutas, seus pais e ele próprio. Logo, gostaria que ele me dissesse o que queria fazer. B. parou de chorar e me disse que queria continuar escrevendo em letra bastão. Eu pedi que ficasse tranquilo, que eu conversaria com sua mãe para entender melhor o que acontecera e com o médico, se fosse necessário.

Quando procurei a mãe, ela me disse que esse comentário tinha sido irrelevante diante de toda a trajetória no processo de B. durante o ano e que ela, o marido e os terapeutas continuariam cumprindo com os nossos combinados, uma vez que reconheciam todos os avanços de B.

B. conquistou muita autonomia na realização das tarefas. Um dos aspectos que contribuíram para seu desenvolvimento foi a descoberta, entre os alunos, de três crianças que foram mediadoras significativas durante o ano. Dois desses alunos permanecem com B. no quarto ano e continuam nesse trabalho de parceria.

No caso de B., vejo como foi importante logo no início observar seu desempenho em sala de aula, a fim de identificar potencialidades e dificuldades em seu processo de aprendizagem. Ao me sensibilizar com o menino, colocando-me no lugar dele, percebi que habilidades e competências ele precisava desenvolver e o que não era relevante cobrar naquele momento. Além disso, foi fundamental a rede que construímos com os terapeutas e a família.

No final do ano, B. me entregou um cartão que dizia o seguinte;

PROFESSORA, VOCÊ É A MELHOR PROFESSORA DO UNIVERSO, ALÉM DE TODA AULA SER MUITO LEGAL, VOCÊ TEM JEITO E CALMA PRA TUDO. SENTIREI SAUDADES. UM BEIJO, B.

Nesse pequeno texto de B., fica o convite para que eu continue levando em consideração o tempo singular, de cada criança, e o tempo coletivo, de toda a turma, em um só tempo. Que acredite que a construção de uma escola para todos e cada um é possível quando fazemos a nossa parte e percebemos que os deslocamentos, por menores que sejam, fazem diferença.

Para tecer o final dessa trajetória, trago mais uma vez as contribuições de Macedo em seu texto "Tempos de ensinar, aprender e conhecer" (2010, p. 182):

> Se o tempo de ensinar (tempo cronológico) tem metas transcendentais, visa à preparação para um futuro melhor, para algo que está além do que acontece agora, o tempo de aprender (tempo interno) é imanente. Está voltado para dentro dos aspectos que estão em jogo nas interações, para os desafios, para a alegria ou tristeza, o sucesso ou o fracasso do que está acontecendo.

Certa vez, em um curso, alguém comparou a grade curricular com a grade de uma jaula, onde muitas vezes o educador se vê aprisionado, sem tempo para fazer aquilo que considera relevante e significativo para seus alunos. Essa relação trouxe na época um mal-estar, que consegui desconstruir com base na pergunta com a qual finalizo este capítulo.

Se o professor tem a chave, como pode levar em consideração o tempo singular de cada educando e o tempo coletivo de toda a turma em um só tempo? Será que é possível deixar a porta da grade aberta para atender a todos e a cada um, sem deixar de levar em consideração os demais aspectos que envolvem o ensino e a aprendizagem?

Fica aqui o meu convite.

REFERÊNCIAS

CAMPOS, M. C. M. *Formação docente em oficinas de jogos: indicadores de mediação da aprendizagem.* Tese (doutorado em Psicologia) – Universidade de São Paulo, São Paulo, 2004.

_____. *Atuação em Psicopedagogia Institucional: brincar, criar e aprender em diferentes contextos.* Rio de Janeiro: WAK, 2012.

GOMES, C. M. A. *Feuerstein e a construção mediada do conhecimento.* Porto Alegre: Artmed, 2002.

FEUERSTEIN, R.; KLEIN, P.; TENNENBAUM, A. *Mediated learning experience: a theoretical review in mediated learning experience – theoretical, psycho-social and learning implications.* Londres: Freund, 1991.

MACEDO, L. de. *Ensaios pedagógicos: como construir uma escola para todos?* Porto Alegre: Artmed, 2005.

_____. "O desafio da escola para todos". *Revista Pátio*, nov. 2004-jan. 2005, p. 16-19.

_____. "Tempos do ensinar, aprender e conhecer". In: *Escola da Vila – Olhares para o futuro.* São Paulo: Escola da Vila – Centro de Formação 2010, p. 181-189. Disponível em: <http://www.escoladavila.com.br/html/outros/2010/30_anos/pdf_30/30_textos/19_lino_macedo.pdf>. Acesso em: 5 jun. 2017.

MACEDO, L. de; PETTY, A. L. S; PASSOS, N. C. *Quatro cores, senha e dominó: oficinas de jogos em uma perspectiva construtivista e psicopedagógica.* São Paulo: Casa do Psicólogo, 1997.

_____. *Aprender com jogos e situações-problema.* Porto Alegre: Artes Médicas, 2000.

MINISTÉRIO DA EDUCAÇÃO. "Projeto Escola Viva". 1996. Disponível em: <www.portal.mec.gov/br>.

PAÍN, S. *Diagnóstico e tratamento dos problemas de aprendizagem.* Porto Alegre: Artes Médicas, 1985.

PINTO, A. S. *A deficiência mental e o conhecimento lógico matemático.* Monografia do curso de Psicopedagogia, Faculdade Nossa Senhora do Patrocínio, Itu (SP), 1997.

RUBINSTEIN, E. R. *Psicopedagogia, uma prática, diferentes estilos.* São Paulo: Casa do Psicólogo, 1999.

ZAIA, L. L.; ASSIS, O. Z. M. *Jogar e aprender matemática.* São Paulo: LP-Books, 2012.

8. Transformar e inovar para uma escola para todos
Edith Rubinstein

A UNIVERSALIZAÇÃO DA ESCOLARIZAÇÃO no Brasil é uma realidade que independe das diferenças e condições de cada estudante. Apesar da oferta da escola para todos, ela ainda não é para cada um, e por isso mesmo os resultados deixam a desejar.

Os desafios não são poucos, mas evidenciam-se quando o projeto político-pedagógico desconsidera singularidade, diversidade e o significado da aprendizagem em contexto. A consequência se manifesta no comprometimento da escolarização.

Minha preocupação neste texto é com o modelo que chamei de "escola sapato pesado", o qual desconsidera ritmo, estilo de aprendizagem, maturidade cognitiva e emocional do estudante e, sobretudo, a aprendizagem significativa, com conteúdos nem sempre compatíveis com as possibilidades de todos os estudantes. Isso contribui para o surgimento de um número importante de "dificuldade de aprendizagem de ordem reativa", que, segundo Alicia Fernandez (1990, p. 87), "afeta o aprender do sujeito em suas manifestações, sem chegar a atrapalhar a inteligência: geralmente surge a partir do choque entre o aprendente e a instituição educativa que funciona expulsivamente".

Uma escola para todos e cada um considera, sim, que todos podem aprender, pois é condição humana para a sobrevivência, como afirma Trocmé (2004). Para ele, o ser humano está sempre em estado de "aprendência" e "o ato de aprender assegura a continuidade e historicidade do aprendente" (p. 16). Porém, cada um aprende de modo diferente, considerando a

AUGUSTO GALERY (ORG.)

singularidade e as possíveis condições de organicidade, as quais são um componente a mais a ser assimilado pela instituição. Portanto, uma escola inclusiva atende incondicionalmente a todos: os que "estão fora da curva", devido às deficiências ou aos transtornos, e os demais que, por diferentes razões, não acompanham a escolarização.

De início, a expressão "escola inclusiva" pode remeter à ideia de incluir alunos com transtornos e deficiências sensoriais, físicas e intelectuais. Paradoxalmente, a explicitação da necessidade da inclusão confirma a presença da exclusão. No meu entender, é uma armadilha aparentemente atrativa, pois representa o acolhimento de todos. Sair dela requer habilidades para improvisar quando necessário; transformar, adaptar, inovar. Essa abordagem que alguns denominam *design* educacional ainda não foi incorporada ao discurso pedagógico aderido e focado no discurso da excelência de resultados. Sair do binômio inclusão-exclusão envolve evocar a "terceira margem do rio", isto é, a abertura para um projeto educacional flexível que atenda às particularidades de cada contexto.

A universalização da escolarização é complexa, pois implica atender a todos e a cada um de acordo com as necessidades singulares. Muitas são as variáveis, pois a diversidade de público demanda diversidade de ofertas compatíveis com as diferenças. A questão central é: como o projeto político-pedagógico submetido a um currículo fechado conversa com a diversidade? Será que todas as escolas se propõem atender a todos?

> Exemplo 1: num grupo de estudos, uma professora do ensino fundamental relatou um episódio de seu cotidiano: solicitou à coordenadora mudanças na proposta pedagógica, pois muitos de seus alunos não acompanhavam as aulas. A coordenadora informou-lhe que todas as classes dessa série deveriam trabalhar de modo uniforme, não sendo possível realizar mudanças.

A ESCOLA PARA TODOS E PARA CADA UM

> Exemplo 2: os conteúdos do ensino médio de algumas escolas consideradas fortes são distribuídos em dois anos, sendo o terceiro dedicado à revisão. Não há espaço para atender a estudantes que não dão conta do ritmo e dos conteúdos.

> Exemplo 3: no ensino fundamental de algumas escolas consideradas fortes e valorizadas pelas famílias, estudantes do primeiro ano recebem livros didáticos do segundo ano, os do segundo ano recebem os do terceiro e assim sucessivamente. Muitas dessas crianças recorrem ao atendimento psicológico e psicopedagógico, além do reforço escolar.

O projeto político-pedagógico numa escola inovadora se pauta sobretudo pelo conjunto de condições singulares dos indivíduos, considerando necessidades e interesses dos estudantes.

A escolarização é também a oportunidade para formar laços sociais no contexto acadêmico de aprendizagem formal. Na escola que se diz democrática e inovadora, o currículo é o pano de fundo. Da excelência de resultados acadêmicos, o foco passa à *excelência da e na aprendizagem do estudante*, para tornar possível o potencial de aprendência.

Numa sociedade democrática, a pluralidade cultural é característica e condição. A diversidade está presente por meio de valores, crenças e modos de fazer laços sociais. É essa diversidade que poderia justificar parcialmente a presença de projetos pedagógicos identificados com o discurso "escola forte", que inviabiliza ou dificulta a participação de estudantes que por diferentes razões não transitam de forma harmônica por essa proposta.

A lei da inclusão, em si mesma, não garante o cumprimento de seus quesitos, embora possa contribuir para o surgimento de inovação no conhecimento e em práticas. Historicamente, a educação especial abriu espaço para o surgimento da psicopedagogia (Rubinstein, 1999) ao criar práticas e projetos diferentes para atender melhor àqueles que estariam "fora da curva". A diversidade pode promover abertura para a criatividade no contexto insti-

117

tucional. Ninguém está preparado para resolver desafios de atender à diversidade. Estes desencadeiam novas necessidades, as quais promovem o uso de capacidades que estariam em estados de latência. "Caminhante, não há caminho, caminho se faz ao andar", diz o poeta espanhol Antonio Machado.

Aderir a uma proposta inovadora não significa abandonar práticas e conteúdos, mas ressignificá-los com base em sua utilidade para uma aprendizagem significativa em contexto. Aprendizagem é condição humana de sobrevivência. O modo como ela é concebida decorre da abordagem/discurso que expressa valores e crenças. Como afirma Cordié (1996, p. 78), "o discurso se refere a uma linguagem comum compartilhada por um grupo de indivíduos, e rege as formas de laço social".

Escolho uma definição de aprendizagem proposta por Elina Dabas (1988, p. 22, grifos meus) que incorpora como condição "transformações inéditas", ou seja, inovação:

> A aprendizagem é um processo pelo qual um sujeito, em sua interação com o meio, incorpora a informação ministrada por este, segundo suas necessidades e interesses, a qual, elaborada por sua estrutura psíquica a qual constitui no interjogo do social, da dinâmica do inconsciente e dinâmica cognitiva, modifica sua conduta, para aceitar novas propostas e realizar *transformações inéditas no ambiente*. A aprendizagem criativa requer capacidade crítica do sujeito.

Embora essa definição considere aspectos afetivos e emocionais, nem sempre o interesse do estudante se faz presente. Isso traz ao professor um desafio maior: como interferir mediando para que o aluno possa ressignificar o objeto de aprendizagem ofertado? Como promover a triangulação quando o mestre está mais voltado para o seu objeto, sem considerar que vínculo inclui também o estudante e o objeto de conhecimento?

Avaliar é útil quando funciona como bússola que norteia a travessia pela escolarização. Avaliar processos difere da avaliação

A ESCOLA PARA TODOS E PARA CADA UM

quantitativa de resultados. Quando se torna um produto reificado, não cumpre sua função norteadora. Perguntas pontuais: "Por quê? Para quê? Quando? Como?" são úteis para identificar processos de ensino e aprendizagem.

Por meio da avaliação, são confirmados ou reformulados práticas, conteúdos e abordagens. Observar e analisar pequenos deslocamentos conduzirá à percepção das transformações inéditas do estudante. Esse foco faz toda diferença no processo individual e no contexto no qual ele se insere. Entendo que esse olhar é inovador, pois em geral a escola fica atenta a resultados numéricos avaliados por instrumentos padronizados. Ainda é um valor cultural o modelo de avaliação quantitativa.

> Exemplo 4: uma psicopedagoga que atende um estudante de segundo ano fundamental solicitou da orientadora educacional informações a respeito da relação dele com o conhecimento e a aprendizagem e queria saber de algumas mudanças do aluno relacionadas com o domínio e a autonomia. Foi informada de que não era possível naquele momento, pois os professores ainda estavam corrigindo provas.

Esse exemplo me remete à necessidade do olhar psicopedagógico dentro da escola, para que o projeto político-pedagógico possa ampliar sua função, incluindo o objetivo maior, que é o da aprendizagem, e as *mudanças inéditas do estudante*. Ainda os resultados acadêmicos são o foco principal. Eles fazem parte do imaginário dos responsáveis pela escolarização. Que discurso privilegia a avaliação quantitativa? A escola descrita como excelente e forte pratica a avaliação estática, isto é, padronizada.

O discurso construcionista social propõe que, ao descrever o mundo, estamos construindo uma realidade e não sua representação. A verdade em si inexiste, ela é construída na linguagem e pela linguagem. Um estudante poderá ser diagnosticado com Transtorno de Déficit de Atenção e Hiperatividade (TDAH) com base em algumas características presentes em questionário padronizado, ou como alguém descuidado que desconsidera seguir instruções de um enunciado. Seu estilo de leitura acelerado leva à imprecisão, porque impede a etapa de confirmação do que se pede no enunciado. Provavelmente, sua crença é a de que a decodificação é suficiente. Não há como avaliar desconsiderando a complexidade das condições envolvidas no processo de aprendizagem de cada estudante em contexto.

Fui procurada por uma mãe preocupada com as dificuldades do filho na linguagem escrita. Ela dizia: "Prefiro que meu filho seja disléxico a vagabundo". O modo como se descreve o mundo interfere na maneira como ele será vivido. Um estudante disléxico provavelmente receberá mais atenção e terá mais privilégios que o estudante "vagabundo". Como afirmam Gergen e Gergen (2004, p. 28):

> Os eventos narrados podem ser idênticos, mas a descrição dos "fatos" depende da tradição segundo a qual cada um estiver escrevendo. Para o bem ou para o mal, cada tradição possui seus próprios valores e, neste sentido, não existem descrições isentas de valores.

As descrições e as categorizações também são atravessadas pelas tradições de quem as descreve. Um mesmo comportamento terá significados diferentes de acordo com a tradição de quem o avalia. Assim, dependendo da categoria profissional e da abordagem do profissional, as avaliações do comportamento poderão ser muito diversas. Gergen e Gergen (2004, p. 29, grifo meu) afirmam que *"a verdade só pode ser encontrada dentro da comunidade linguística; porque fora da comunidade há o silêncio"*.

Inovar só é possível por meio de mudanças discursivas e narrativas, isto é, do modo como descrevemos o mundo. Essas mudanças demandam questionamentos, criatividade e coragem para suportar a incerteza. Como a escola descreve suas práticas? Como seus agentes interagem na escolha de projetos? Como diversificar e flexibilizar conteúdos? Como avaliar diversificando e adaptando? Como avaliar pequenos deslocamentos? Como é valorizada e significada a adaptação curricular para o estudante pela equipe docente? Como é significada a adaptação pelo estudante?

Robinson (2016, p. 15, grifos meus), consultor na área da educação, inovação e criatividade, em entrevista à revista *Veja*, faz uma crítica ao sistema educacional, dizendo que este não foi desenhado para encorajar a criatividade. Nessa mesma entrevista ele menciona mudanças discursivas significativas no campo da educação em países de regimes autoritários.

> Singapura foi conhecida pela manufatura de produtos baratos. Os políticos sacaram que, como não tinham recursos naturais para produzir nada em seu território, estavam vulneráveis economicamente. A saída: já que não havia recursos naturais, precisavam apostar nos recursos humanos. Eles queriam virar um polo criativo, como Hong Kong. *A proposta era desenvolver sistematicamente uma cultura na qual a inovação e a criatividade* fossem promovidas e encorajadas por meio da educação e das estratégias econômicas.

Quando lhe perguntaram como se estimula a criatividade, respondeu que o trabalho em grupo e a escrita são úteis em sua experiência: o primeiro lhe enche de energia, enquanto o segundo é uma atividade solitária que organiza as suas ideias.

Numa atividade com educadores de uma ONG na comunidade de Paraisópolis, questões levantadas pelos educadores são objeto de trabalho na reunião denominada "Parada pedagógica". Nesse espaço são ventiladas as dificuldades e construídas possibilidades de manejo pelo grupo. Entendo que a "formação continuada em serviço" da equipe docente identificada com a comunidade de aprendizagem e a aprendizagem cooperativa poderá contribuir para uma escolarização mais humanizada e democrática. Monero e Gisbert (2002, p. 10) propõem a cooperação como necessidade: "A aprendizagem cooperativa é uma metodologia que *transforma a heterogeneidade*, isto é, as diferenças entre os alunos – que, logicamente, encontramos em qualquer grupo –, *em um elemento positivo que facilita o aprendizado*".

A valorização da diversidade como algo positivo é inovadora, pois corresponsabiliza o poder de ensinar e aprender na "comunidade de aprendizagem". Sendo a relação menos assimétrica, a aprendizagem também ocorre entre pares.

Outra experiência interessante e animadora ocorre quando, em assessorias ou rodas de conversa com educadores, convido os participantes a nomear ou descrever a repercussão do encontro. Nessa síntese final, é possível identificar a diversidade na polissemia de cada participante. Apesar do encontro coletivo acerca de questões do coletivo, cada qual o nomeia diferentemente, pois é diferentemente afetado.

* * *

Até aqui, apresentei reflexões a respeito das questões presentes no processo de escolarização. Agora, proponho-me a introduzir uma ferramenta útil para promover uma abordagem que atenda singularmente a todos. Farei uma leitura polifônica da *experiência de aprendizagem mediada*, a qual será definida mais adiante, por considerá-la útil no contexto institucional e terapêutico. Essa leitura é atravessada pelos lugares onde transito: psicopedagogia, terapia familiar e formação e assessoria institucional.

Na década de 1990, tive a oportunidade de conhecer o trabalho do professor Reuven Feuerstein, psicólogo romeno que acrescentou e ampliou minha opção pela abordagem da psicopedagogia dinâmica, descrita em meu artigo "Da reeducação para a psicopedagogia, um caminhar" (Rubinstein, 1999). Os critérios apontados no artigo agora serão ampliados e ressignificados pela minha conversa com a psicanálise, o construcionismo social e, mais recentemente, a análise pragmática do discurso, ferramenta construída pelas terapeutas Neide Araújo e Naira Morgado no Núcleo de Estudos Pragmáticos por elas organizado.

O conceito de experiência de aprendizagem mediada surgiu na década de 1950, no pós-guerra, quando Reuven Feuerstein trabalhava no centro de absorção de imigrantes participando do processo de avaliação psicológica de jovens órfãos de guerra. Sua grande inovação foi questionar a psicometria clássica, alegando que por meio dela não se acessava o potencial de aprendizagem dos jovens. Na ocasião, desenvolveu um modelo inovador de avaliação que denominou avaliação do potencial de aprendizagem, atualmente chamada de avaliação da propensão da aprendizagem. Nessa modalidade, associou-se avaliação e aprendizagem em processo.

Feuerstein utilizou um teste para investigar a capacidade de fazer analogias, considerada por ele necessária para desenvolver autonomia e autoria de pensamento. Fazer analogias implica comparar, classificar, analisar, identificar. Quem não possui essa capacidade tem uma percepção episódica da realidade, na qual cada fato é uma novidade não relacionada a experiências anteriores.

Relaciono o conceito de experiência de aprendizagem mediada com a noção winicottiana de *holding* no sentido de acolher o aprendente, atendendo às necessidades, porém atento a uma presença "suficientemente boa" do mediador, para que o mediado possa aprender de modo autônomo. Feuerstein insiste na relação olho a olho para que o mediado consiga tomar contato com o objeto a partir do que o mediador lhe oferece, buscando sempre um significado para aquela oferta. Ele afirma que afetividade e a cognição são duas faces da mesma moeda transparente.

Para atender às diferenças, o autor propõe um modelo de planejamento flexível que leve em consideração condições particulares do estudante ou de um grupo: objetivos; conceitos; possíveis transcendências; habilidades necessárias; conceitos envolvidos; níveis de abstração e complexidade da tarefa e a possibilidade de o estudante responder à proposta.

Como o foco está na aprendizagem, há espaço para que o mediador interfira, quando necessário, nessa composição que envolve muito mais que conteúdos. Poderá diminuir o nível de complexidade e abstração para elevar a eficiência do mediado, ou ao contrário, elevar o nível de abstração e complexidade de algo aparentemente muito simples para o estudante ou grupo. Quando se pensa na eficácia, não se trata do resultado quantitativo, mas da aprendizagem expressa em habilidades.

Recorro à poesia do escritor Eduardo Galeano (1997, p. 13) para pensar na singularidade humana, pois somente aceitando-a como condição será possível uma aproximação do modelo de escola para todos e cada um.

> Um homem da aldeia de Neguá no litoral da Colômbia conseguiu subir aos céus. Quando voltou, contou. Disse que tinha contemplado, lá do alto, a vida humana. E disse que somos um mar de fogueirinhas.
>
> — O mundo é isso — revelou. — Um montão de gente, um mar de fogueirinhas.
>
> Cada pessoa brilha com luz própria, entre todas as outras. Não existem duas fogueiras iguais. Existem fogueiras grandes e pequenas e fogueiras de todas as cores. Existe gente de fogo sereno, que nem percebe o vento, e gente de fogo louco, que enche o ar de chispas. Alguns fogos, fogos bobos, não alumiam nem queimam; mas outros incendeiam a vida com tamanha vontade que é impossível olhar para eles sem pestanejar, e quem chegar perto pega fogo.

Para apreciar e aceitar as diferenças, são necessários olhos e corações sensíveis, pois elas são invisíveis a olho nu. Paradoxalmente, a disponibilidade para acolhimento da diversidade não é simples. A tendência é buscar a uniformidade no e do comportamento humano, gerando conflitos nos diferentes contextos.

Acredito, como Galeano, que uma das principais características do mediador é a consideração da diversidade humana. Aceitá-la é, sim, importante, mas insuficiente. A flexibilidade para a mudança é o que nos torna mais humanos e competentes para lidar com os desafios. Os conflitos decorrem da ausência de flexibilidade. Mudar e resistir são desafios existenciais que nos acompanham eternamente. Aprender a mudar é condição para "sobreviver" com qualidade de vida. Entretanto, não estamos preparados nem disponíveis para tal. Como diz Galeano, somos fogueirinhas de fogos pequenos, médios e grandes. A ferramenta experiência de aprendizagem mediada pode ser um dispositivo promotor de mudanças.

Minha reflexão constará de duas seções: escolha de um modelo de mediação e apresentação do modelo de experiência de aprendizagem mediada desenvolvido por Reuven Feuerstein.

A ESCOLHA DE UM MODELO DE MEDIAÇÃO

Mediação, num sentido amplo, é toda intervenção de um terceiro "elemento" que possibilita a interação entre os "termos" de uma relação (Pino, 1991, p. 36). Essa terminologia é bastante usada por diferentes autores, entre eles Vigotski, que se refere à mediação semiótica como um instrumento conceitual que pensa o psiquismo humano como um processo permanente de produção e envolve o indivíduo e seu meio sociocultural numa interação constante.

Hoje, a palavra "mediação" é popular. Estamos acostumados ao termo "mediador de conflitos". No contexto da escolarização, poderão surgir conflitos que demandem um profissional ou a técnica utilizada para resolvê-los.

Quando uso o termo mediação, refiro-me ao conceito de experiência de aprendizagem mediada (EAM), desenvolvido e concebido por Reuven Feuerstein (Feuerstein *et al.*, 1980; Feuerstein, Klein e Tennenbaum, 1991). Trata-se de uma ferramenta útil aos educadores formais e informais em diferentes contextos para promoção e desencadeamento de mudanças.

Essa concepção se aproxima dos ideais da educação contemporânea e se apresenta como prática apoiada em compreensões teóricas inspiradas em conceitos piagetianos e vigotskianos. Relaciono mediação a mudança e flexibilidade. Seres humanos flexíveis e criativos são aqueles que podem interpretar mais fluentemente seu mundo interno e externo, estando, assim, mais preparados para lidar com os conflitos existenciais. O profissional da área da educação é convidado a intervir em diferentes contextos institucionais, não apenas na escola. A aprendizagem deixou de ser vista especificamente nos contextos familiar e escolar. Novas realidades têm contribuído para a necessidade da ampliação da função do educador em diferentes espaços, tais como ONGs, RH de empresas, instituições e setores que se dedicam à inclusão social no mercado de trabalho de pessoas com necessidades especiais, hospitais, entre outros. Existe hoje demanda para a contribuição do "especialista em aprendizagem"; é nesse contexto que proponho refletir sobre o educador/mediador especialista em aprendizagem.

No discurso social escolar contemporâneo, estão presentes ideais muito diferentes daqueles da educação moderna do início do século passado, em que o aluno não tinha voz nem uma aprendizagem significativa.

O educador/mediador, mais especificamente aquele que maneja e domina a EAM – considerando seus critérios –, tem mais condições de promover uma relação de ensino/aprendizagem significativa. Tebar (2008) destaca as seguintes características de uma aprendizagem significativa:

- amplia o universo de experiência;
- desenvolve a metacognição;
- desencadeia maior assimilação significativa;
- favorece a aplicação em outras situações (transcendência);
- valoriza a autonomia e a autoria de pensamento;
- promove o pensamento crítico.

APRESENTAÇÃO DO MODELO DE
EXPERIÊNCIA DE APRENDIZAGEM MEDIADA

CONTEXTO TEÓRICO

Do ponto de vista teórico, o conceito de experiência de aprendizagem mediada como ferramenta psicoeducacional relaciona-se com as abordagens socioconstrutivista e sistêmica. Esse modelo valoriza a relação entre o mediador e o mediado na construção do conhecimento e tem como finalidade desencadear um funcionamento cognitivo mais adequado. Por meio da mediação, objetiva-se suscitar mudanças sistêmicas – por exemplo, a competência para comparar incide na capacidade de classificar, a qual, por sua vez, poderá melhorar a competência para estabelecer relações.

Historicamente, o conceito de experiência de aprendizagem mediada surgiu com base na construção do modelo de avaliação Learning Potential Assessment Device (LPAD, ou avaliação do potencial/propensão de aprendizagem), mediante a necessidade de avaliar de modo diferenciado. Feuerstein (1979) observou que no processo de avaliação clássica, no qual o examinador não intervém, deixam de ser revelados aspectos da potencialidade do examinado. A mediação durante o processo de avaliação contribui para demonstrar a capacidade de modificação humana provocada por um modelo de intervenção específico.

Nesse contexto, ele comprovou dois aspectos importantes: 1) a fragilidade da avaliação clássica; 2) a capacidade de modificação por meio de uma mediação bem conduzida. Essa experiência pode fazer diferença nos diagnósticos de problemas de aprendizagem.

O sistema de avaliação assistida contribuiu para que esse autor desenvolvesse a teoria de modificação cognitiva estrutural (MCE), termo cunhado para assinalar mudanças qualitativas e intencionais provocadas por um processo de mediação, não sendo esperadas como resultado do processo evolutivo do desenvolvimento. Para que uma mudança seja considerada cognitiva estrutural, são necessárias três condições:

1. permanência, isto é, mudanças que perduram ao longo do tempo e do espaço;
2. expansão ou difusão, na qual mudanças parciais afetam o todo;
3. autonomia para conservar e autorregulação.

Feuerstein (1979) considera mudanças úteis aquelas que atingem o sistema como um todo. Alguém que aprende a lidar com várias fontes de informação simultaneamente, estabelecer relações entre fatos, objetos etc. poderá modificar sua forma de interpretar a realidade. O conceito de MCE dá sustentação ao programa de enriquecimento instrumental (PEI) – conjunto de atividades psicoeducacionais que visam promover mudanças específicas e amplas no processo de ensino/aprendizagem. Por sua vez, a EAM é a "espinha dorsal" do PEI. É importante destacar que educadores formados no PEI incorporam o estilo da mediação no processo de ensino/aprendizagem em diferentes contextos.

EXPERIÊNCIA DE APRENDIZAGEM MEDIADA (EAM)

Feuerstein, Klein e Tennenbaum (1991) definem experiência de aprendizagem mediada (EAM) como a qualidade da interação entre o organismo e o ambiente. Essa qualidade é assegurada pela ação proposital, consciente e intencional do mediador que se interpõe entre o organismo (sujeito da aprendizagem) e o estímulo (mundo). A insistência do autor para que o mediador seja um ser humano é devida à valorização do vínculo. O contato olho no olho é importante. Nessa interposição, o mediador organiza o estímulo de forma que este possa melhor atender às necessidades do indivíduo ou até mesmo provocá-las.

A EAM não se limita à transmissão de conhecimentos ou à apresentação de fatos. Representa fundamentalmente o investimento, por parte do mediador, na promoção de contextos para que o aprendiz estabeleça relações entre os fatos percebidos. Numa EAM pretende-se, portanto, muito mais que facilitar a recepção dos elementos transmitidos pela cultura: objetiva-se preparar o aprendiz para que este, de modo independente, utilize seus recursos cognitivos para interpretar e relacionar o conhecimento que lhe é indicado. Espera-se que por meio da mediação bem conduzida o sujeito da aprendizagem reconstrua o conhecimento de forma autônoma e criativa. É possível dizer que por meio da EAM criam-se condições para "aumentar o capital cultural"; além disso, a relação entre ensinante e aprendente é marcada por um encontro significativo.

O modelo gráfico **S-H-O-H-R** que representa a EAM é bastante esclarecedor no sentido de caracterizar o dinamismo da mediação e de incluir dois modelos de processos de aprendizagem:

1. Exposição direta ao estímulo, representada por **S-O-R** = modelo piagetiano.
2. Exposição ao estímulo por meio do mediador, representado por **S-H-O-H-R** = modelo vigotskiano.

Nessa representação:
S = realidade, estímulos.
H = mediador flexível na intensidade de mediação.
O = o organismo humano.
R = a resposta do mediado.

FIGURA 1. Modelo da experiência de aprendizagem mediada (EAM).

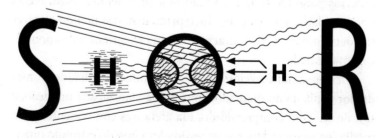

Nesse modelo, são importantes a presença e o acolhimento do mediador representado pelo H, tanto no início do processo como após a resposta do mediado, a fim de desencadear novos questionamentos ou a ampliação das respostas. Propositalmente o autor não coloca M, pois mediador nessa abordagem é sempre "outro", porém humano.

Note-se que o primeiro H é tracejado, o que indica a relatividade da quantidade de mediação necessária para cada indivíduo. Os "traços" expressam a flexibilidade para mediar de acordo com a necessidade do mediado e do mediador. O segundo H, que está à direita, mais definido, pretende desencadear mudanças na resposta do mediado. Por meio de um estilo interrogatório, promove-se a ampliação ou ressignificação de respostas. Observe-se também que, na exposição direta do organismo (indivíduo) ao estímulo (objeto de conhecimento), a interação é menos intensa do que aquela realizada através do H. Isso é representado no gráfico com linhas que saem do "S" (estímulo), quando se observam linhas onduladas mais penetrantes no "O" (organismo). Um bom exemplo é a relação de um observador pouco familiarizado com arte contemporânea. A apresentação de "chaves contextuais" do mediador contribui para uma experiência significativa e estética.

CRITÉRIOS PRINCIPAIS DA EAM

Feuerstein, Klein e Tennenbaum (1991) explicitam 12 princípios/critérios para que uma mediação seja considerada EAM. Nessa oportunidade, destacarei os cinco primeiros, ressaltando que três são determinantes para caracterizar uma experiência de aprendizagem mediada.

Intencionalidade/reciprocidade – Na intencionalidade, o mediador explicita ao mediado, com muita clareza, sua intenção, a fim de ser bem compreendido. Ela afeta três componentes: 1) o mediador, que se adapta às necessidades tanto do estímulo quanto do aprendiz; 2) o mediado, no sentido de provocar a sua modificação, expressa pela reciprocidade; 3) o estímulo, que deverá ser modificado em função das necessidades tanto do mediador quanto do aprendiz.

O mediador deverá observar se conseguiu provocar a reciprocidade do mediado. Quando não houver manifestação da reciprocidade, o mediador modifica o estímulo ou a forma de relação com o aprendiz, a fim de tornar explícita e consciente sua intencionalidade.

Transcendência – Uma situação de EAM não se restringe às necessidades imediatas. O mediador terá sempre em mente que a ação presente precisa transcender com o objetivo de promover a experiência em determinado veículo para outras experiências análogas. O critério de transcendência significa o investimento em relações, permitindo em última instância a construção de generalizações.

Transcendência é a capacidade de estabelecer relações entre os conteúdos e de aplicá-los em outros contextos que ultrapassem o "aqui e agora". Porém, nem sempre essa condição está presente no processo de ensino/aprendizagem na mente dos envolvidos (professor/aluno), pois a preocupação com o produto final impera. Essa dificuldade é diretamente responsável pela impossibilidade de promover aprendizagens significativas.

Feuerstein, Klein e Tennenbaum (1991) consideram fundamentais na EAM o envolvimento do aprendiz e o desenvolvimento das funções cognitivas e operações da mente, as quais são "atos mentais", entre elas a capacidade de análise e síntese, de selecionar os dados relevantes e de considerar várias fontes simultâneas de informação. A memória por si só não garante a aprendizagem. Também é fundamental a capacidade de estabelecer relações conceitualmente, o que desencadeia a construção do conhecimento.

Para que o conhecimento seja internalizado significativa e operacionalmente, ele necessita se organizar por meio de um sistema de relações. Bruner (*apud* Beltrán, 1994) propõe a "teoria da forma" para explicar a aprendizagem significativa, a qual implica: 1) compreender as ideias básicas; 2) organizá-las dentro de uma estrutura; 3) entender os princípios que a regem. Essa configuração é mais propícia à recuperação da informação, mesmo que remota, pois está associada a um princípio organizador.

A transcendência das experiências de aprendizagem a outros contextos é um grande desafio. Embora a escola contemporânea valorize o diálogo na construção do conhecimento, na prática existe a preocupação com a quantidade de informação numa sociedade competitiva. É preciso coragem para não sucumbir ao apelo de transmitir quantidade. A proposta de Feuerstein demanda tempo para a construção sólida de um estilo de aprendizagem que demanda nível de abstração elevado.

Significado – O significado representa o componente energético que o mediador acrescenta ao estímulo para que este seja facilmente aceito, quebrando as resistências do aluno. A mediação por meio do significado é um convite à construção espontânea das seguintes questões: 1) Por que aprendo? 2) Para que aprendo? 3) Como se aprende? 4) Qual é o sentido desse conteúdo para mim?

Estamos acostumados a ouvir dos jovens argumentos do tipo: "é bom porque é bom, pronto", "gostei porque achei interessante", "gostei, não sei por quê". Essas justificativas "vazias" refletem a pouca capacidade ou disponibilidade de elaborar, por meio da linguagem, a manifestação da relação com o significado da aprendizagem. Quando proponho uma conversa na qual me interesso pela afetação do mediado pós-vivência, suas manifestações são elaboradas e descritas pelo impacto causado pela experiência.

O mediador é como um chefe de cozinha que, com ingredientes simples, consegue elaborar um prato sofisticado. Muitas vezes o conteúdo acadêmico parece desinteressante; porém, com a mediação do significado, poderá relacionar-se com outros conhecimentos já vistos, adquirindo valor e brilho.

> Exemplo 5: um estudante de 8 anos não organizava sua narrativa segundo noções espaço temporais e causais. Para diminuir o nível de complexidade do conteúdo, o mediador trouxe uma narrativa organizada em quatro cenas mudas, em que o texto é apresentado na modalidade pictórica. A proposta era a produção escrita, posterior a uma conversa na qual o mediado foi convidado a analisar as quatro cenas individualmente, observando detalhes significativos.
>
> De início, a intenção do mediador era organizar a narrativa do escritor, visando à compreensão de um possível leitor. Nas transcendências, pudemos conversar sobre os desafios dos personagens, a decepção, o medo e o que fariam depois do problema inesperado. A experiência ultrapassou o objetivo de organizar uma produção escrita. Nesse episódio foram identificadas e projetadas relações virtualmente presentes na narrativa.

Sentimento de competência – A competência pode ser adquirida por meio da interação direta com o estímulo. Porém, o *sentimento* de competência só ocorre num contexto mediacional, em que se recebe retroalimentação por parte do mediador. Para mediar competência, é necessário oferecer atividades que possam ser realizadas pelo aluno. Um estilo interrogatório específico permitirá ao aprendiz construir *insights* sobre as razões de seu êxito ou fracasso. O desenvolvimento da *capacidade metacognitiva* tem papel relevante nesse modelo de aprendizagem, pois leva o aprendiz a compreender o seu ato mental.

A mediação do *sentimento de competência* nem sempre está presente na relação professor-aluno. Às vezes, ela pode ser confundida com o "reforço positivo", ingrediente básico da psicologia behaviorista. Em outras, deixamos a cargo apenas do aprendiz, com base em suas experiências positivas, a construção desse sentimento.

Nessa proposta de mediação, o outro é fundamental na construção da autoimagem. É o outro que, como um espelho, nos dá *feedback* sobre nosso desempenho. Em geral, o aluno constrói o sentimento de competência mediante seu desempenho concreto (notas), nem sempre tendo consciência do seu processo particular e pessoal de construção do conhecimento. Para provocar essa consciência, é necessário assinalar e questionar diretamente. Os alunos com maiores dificuldades precisam de mais investimento do professor nesse aspecto. A cada pequena etapa atingida o mediador deverá *manifestar o reconhecimento*, de forma clara e precisa, associando-o ao processo e não apenas aos aspectos atitudinais/afetivos.

Outra contribuição feuersteiniana útil ao mediador é lidar com o equilíbrio entre três componentes presentes no planejamento de um conteúdo:

- complexidade;
- nível de abstração;
- eficácia do aluno para a resolução da tarefa.

O mediador, ao analisar o objeto ofertado e o desempenho do aluno, poderá adaptá-lo a fim de desencadear a eficácia da resposta. É possível, por exemplo, dividir uma tarefa em partes, diminuindo o nível de abstração para que o mediado alcance maior reciprocidade e sinta-se eficiente em sua resposta.

Ao reconhecer em si o sentimento de competência, o aprendiz desenvolve "maestria" e sentimentos de "autoria", ambos essenciais num sistema de aprendizagem significativa.

Mediação para a autorregulação da conduta – Regular a conduta implica considerar tanto o autocontrole da impulsividade como o estímulo para quem está retraído. Esse critério relaciona--se com a necessidade de fazer assinalamentos ao aprendiz impulsivo, visando conscientizá-lo de sua impulsividade, bem como perceber o grau de complexidade da atividade. Por outro lado, para o aprendiz inibido, trata-se de criar melhores condições para instigar seu envolvimento.

Além da construção do conhecimento com os alunos, o mediador tem outra tarefa, talvez a mais difícil: lidar com as diversas personalidades. Alguns estudantes manifestam a reciprocidade, acompanham, estão interessados. Outros ficam à margem por diferentes razões: o conhecimento não lhes é significativo; a exigência da tarefa está aquém de suas possibilidades; aspectos emocionais impedem-nos de estar "presentes". Que fazer diante disso? O mediador é um "outro" que, com sensibilidade, pode contribuir para envolver o estudante a fim de que ele mesmo cuide de sua relação com o objeto de conhecimento.

A dificuldade maior ocorre com os alunos que estão à margem, quietos, que desistiram e nos convidam também a desistir deles, pois sua passividade muitas vezes nos imobiliza. Tendo consciência dessa força, poderemos nos preparar para ajudá-los a sair do lugar em que estão.

Por outro lado, o aluno impulsivo, desorganizado terá de ser mediado para que seu processo se torne mais lento; assim ele adquirirá mais consciência do seu ato mental (metacognição) e de sua relação com o trabalho. O mediador, como um "ego auxiliar", ajuda o estudante a tirar mais proveito da experiência vivida, tanto no contexto educacional como fora dele.

Tanto a impulsividade como a inibição diante da solicitação pedagógica são manifestações da relação do sujeito com o aprender e precisam ser "decodificadas" pelo educador. A sala de aula é o lugar onde objetivamente existe um encontro para uma meta: construção de sentido, de conhecimento, de relacionamento entre seres humanos e destes com o conhecimento. Uma mediação bem-feita poderá contribuir para a organização interna do indivíduo.

CONDIÇÕES BÁSICAS A SER CONSIDERADAS PELO MEDIADOR

Afetividade e cognição na ação de mediar: "duas faces de uma mesma moeda transparente"
Como vimos, no processo de EAM promove-se o desenvolvimento da *metacognição*, o qual implica conscientizar-se das próprias capa-

cidades e limitações nos processos do pensamento. Conhecer habilidades cognitivas necessárias para realizar uma tarefa ou resolver um problema é mais importante do que o domínio de fatos.

O aprimoramento da capacidade de comunicar-se também é um dos alvos a ser atingidos na EAM, na medida em que se solicita ao aprendiz que verbalize e expresse seu pensamento.

Tanto a metacognição como a comunicação são relacionadas com a tomada de consciência, que, por sua vez, poderá contribuir para que o aprendiz também se organize do ponto de vista emocional.

A mediação vai além do aprimoramento da capacidade cognitiva. Indubitavelmente, o mediador estará também criando condições para que o aprendiz construa uma autoimagem positiva, na medida em que se sinta competente, criativo e produtivo.

O mediador atento ao sistema de necessidades do aprendiz estará atendendo às condições tanto energéticas (emotivas) como objetivas (cognitivas). A participação do adulto mediador fica bem ilustrada na aprendizagem do bebê, o qual aprenderá sobre o poder de seu gesto por meio das respostas do adulto (Calkins, 1989). Assim, aos poucos esse bebê humano se introduz na cultura por uma ação mediadora que funciona como um espelho e o ajuda a construir o sentido de seus próprios atos.

O vínculo estabelecido no processo de mediação coloca o mediador em uma posição de flexibilidade, em que sua atenção está voltada para três aspectos: as necessidades do aprendiz, as exigências do conteúdo e as próprias limitações do mediador. A postura mais flexível do educador contribui para a constituição de um aprendiz também mais flexível na relação com o outro, com o conhecimento e consigo mesmo.

Embora não seja intenção da EAM atingir aspectos mais relacionados com o sujeito do inconsciente, o tipo de vínculo estabelecido nessa relação poderá fomentar um efeito terapêutico nas crianças com algum comprometimento de ordem emocional.

O que se conclui dessa experiência é que um ser humano, para se desenvolver e interagir de forma independente com o mundo interno e externo, necessita de outro ser humano com o qual estabeleça uma relação vincular peculiar, com quem consiga aprender. É nessa relação vincular e por meio dela que o ser humano se integra à cultura.

Encontramos também essa mesma preocupação nos estudos de Paín, (1985, p. 5), que afirma:

> Um modelo de aprendizagem para que a criança saia e se interesse por conhecer é o modelo de um adulto que a olhe e seja capaz de "puxar" o seu olhar para colocá-lo com interesse em outro ponto, em outro objeto; o modelo de um adulto que seja capaz de se encontrar com a criança num "terceiro objeto".

A capacidade de aprender é intrínseca à espécie humana. Os animais carregam marcas genéticas que lhes permite perpetuar sua espécie. O ser humano, porém, nasce despreparado.

Relação entre aprendizagem significativa e funções cognitivas

Nesta reflexão, a aprendizagem está sendo concebida como um processo decorrente da interação entre o sujeito da aprendizagem e o meio, para incorporar

> a informação, de acordo com o seu interesse e necessidade e para elaborá-la através de sua estrutura psíquica (constituída pelo interjogo do social, da dinâmica do inconsciente e da dinâmica cognitiva), e modificar-se para aceitar novas propostas e realizar transformações inéditas. (Dabas, 1988, p. 22)

Essa concepção, aparentemente tão abrangente, coloca-nos diante de vários questionamentos: o que é uma aprendizagem significativa? Como se desencadeiam a necessidade e o interesse? Tal desencadeamento depende apenas do aprendiz? O mediador tem o poder de provocar a necessidade e o interesse, bastando para isso uma mediação de qualidade? São suficientes o interesse e a necessidade do mediador para desencadear o mesmo no aprendiz?

A partir do momento em que a conceituação de aprendizagem incorpora a noção de sujeito e de inconsciente, a subjetividade está presente nessa relação e, com base nisso, a aprendizagem é entendida no contexto da complexidade. Esse contexto não se satisfaz com uma epistemologia cartesiana, uma vez que os fenômenos podem ser ou não simultâneos. Considerando-se a aprendizagem na perspectiva do pensamento complexo, a construção do sentido é uma utopia a ser alcançada. O mediador não poderá saber do sentido construído pelo aluno, o qual é atravessado pela subjetividade.

Diante de uma perspectiva educacional que dialogue com a psicanálise, é possível perguntar: poderá o professor/mediador intervir para que o sujeito/aprendiz construa o sentido da realidade? Poderá o professor/mediador intervir para que o aprendiz sinta necessidade e se interesse pelo conhecimento presente na cultura?

A aprendizagem significativa remete aos significados do conhecimento para o estudante. Essa busca de sentido é tanto fruto da experiência individual quanto da vivida na relação com o outro. Se, como vimos, existe uma relação interpsíquica (relação com o outro) e intrapsíquica (diálogo interno), o significado é construído também pela relação com o outro, portanto com o mediador. Mesmo sabendo que o mediador é importante na construção do sentido, surgem outras questões: qual é a utilidade e o grau de aplicação de determinado conhecimento para o aprendiz? Está coerente com as suas concepções prévias? Há interesse e necessidade de interagir com esse conhecimento? Como ele reage diante da dificuldade de enfrentar o novo? Como esse saber ressoa em seu inconsciente? Quais são as possíveis consequências dessa interação?

Não se pretende que o educador consiga responder a todas essas perguntas. Por meio delas, objetiva-se indicar a complexidade na construção do trinômio significado-necessidade--interesse, fundamental quando se advoga aprendizagem significativa. Conceber a complexidade do processo de aprendizagem contrapõe-se a um entendimento das dificuldades no aprender por vezes superficial e reducionista.

Com base em minha práxis, em que optei por um modelo epistemológico que considera a complexidade, a conclusão é obvia: não há respostas definitivas, não há modelos prontos. Aquilo que observo para uma situação não se aplica a outra. Por outro lado, do ponto de vista prático, concluo que quanto mais problematizo, isto é, quanto maior é o número de questões e hipóteses que consigo construir, quanto menos certezas e dogmas regem a minha prática, mais consigo me aproximar do outro para compreendê-lo melhor – e testemunhar seu percurso. Esta posição, a de testemunha, contribui para que o outro se sinta autor.

A aprendizagem significativa dependerá também da experiência positiva durante o processo. Uma solicitação que demande esforço para o qual o aprendiz não esteja preparado pode repercutir na sensação de fracasso. Fracasso gera fracasso.

Desse modo, penso que a construção da aprendizagem significativa tem que ver com a singularidade do sujeito em contexto e na relação com o outro. Assim como cada um tem sua impressão digital, o significado também é singular, na medida em que surge baseado na ressonância das experiências novas que podem ou não dialogar com as já vividas. Dinamicamente, a construção do significado também pode ser considerada utópica, pois ao longo do tempo mudanças de perspectivas interferem no significado.

Tal como Vigotski, Feuerstein, Klein e Tennenbaum (1991) propõem que o mediador trabalhe com o aprendiz na zona de desenvolvimento proximal (ZDP) a fim de desencadear a construção do conhecimento. Essa abordagem socioconstrutivista tem como meta a autoria, isto é, a apropriação do conhecimento pela interação do organismo com a realidade – interação, de início, mediada pela intervenção do outro, mas que em dado momento pode se tornar independente. Nessa mesma perspectiva, Wood, Bruner e Ross (1976) propõem a metáfora do andaime/*scaffolding*, assim explicada por Teixeira (2015):

Os professores fornecem níveis sucessivos de apoio temporário, que ajudam os alunos a alcançar níveis mais elevados de compreensão e aquisição de habilidades que eles não seriam capazes de alcançar sem assistência. Como andaimes físicos, as estratégias de apoio são progressivamente removidas quando não são mais necessárias, e o professor desloca gradualmente mais responsabilidade sobre o processo de aprendizagem.

No processo mediacional proposto em EAM, organiza-se a situação de aprendizagem considerando as possibilidades do aprendiz para que este possa articular o novo com o já conhecido e, dessa forma, alcance novos desafios/patamares. A base desse processo é a relação entre o novo e o já visto para evitar uma percepção episódica da realidade.

Por meio da EAM, Feuerstein, Klein e Tennenbaum (1991) sugerem que o educador/mediador ocupe a posição de pesquisador/rastreador da forma de pensar do aprendiz. O objeto da pesquisa é identificar processos mentais e a relação do estudante com o conhecimento. O aprendiz estabelece relações entre o novo e o anterior? Como está construindo o sentido? Existe reciprocidade do aprendiz?

Quando esses autores apontam como uma das causas da pouca flexibilidade cognitiva a "percepção episódica da realidade", estão se referindo à dificuldade de estabelecer relações. Não por acaso sua teoria nasceu do contato com um instrumento que avaliava a competência para fazer analogias. Para fazer analogias é necessário lidar com a realidade e discriminá-la, identificá-la, analisá-la, compará-la, classificá-la, entre outras operações.

O modelo de experiência de aprendizagem mediada é uma "ferramenta de trabalho" útil ao educador, que identifica ações mentais denominadas funções cognitivas, as quais são pré--requisitos para que ocorram as operações mentais. Pela intervenção de uma mediação de qualidade o aprendiz poderá também ter acesso a esse conhecimento metacognitivo e obter ferramentas para construir a aprendizagem significativa. Ou seja, quando se tem consciência do processo de pensamento e se pode nomear as ações do pensamento, há maiores e melhores chances para a auto-organização e auto-orientação.

A dificuldade de construir um significado pode estar relacionada com a dificuldade de observar diferentes informações ao mesmo tempo ou ao fato de não se conseguir distinguir o que é ou não relevante. Além disso, a construção do significado pode estar prejudicada pela tendência do aprendiz – e também do mestre – de valorizar o produto final e não o processo. Não há tempo para a elaboração, "quem tem pressa come cru". Tanto o adulto quanto o jovem aprendiz tendem a responder impulsivamente.

Portanto, para a construção de uma aprendizagem significativa, é necessária a reflexão; isso envolve a noção de processo, e processo demanda tempo. A aprendizagem significativa não é construída no ato. O que num primeiro momento parece não fazer sentido é passível de, por diferentes razões, ser ressignificado e incorporado em outro tempo.

Todos nós podemos buscar as raízes de nossas vocações e tendências, relacionando-as com as experiências vividas com o outro que nos foi significativo. Esse outro, quando conseguiu demonstrar o seu amor por determinado saber, provocou nossa incompletude, nosso desejo. Essa falta gerou a necessidade e o interesse. Assim, aprendizagem significativa tem que ver com relação amorosa e com a falta. É possível que o interesse e a necessidade partam da relação com o outro, mas para que eles vinguem e se instalem é preciso ter consciência de que se quer aquilo que para o outro é valioso.

A repercussão disso para a construção de uma aprendizagem significativa demanda que nessa relação aprendiz-aprendente-conhecimento esteja presente o investimento amoroso. O mestre que consegue mostrar e demonstrar o amor pelo que apresenta ao discípulo terá mais condições de desencadear a necessidade e o interesse do aprendiz.

AUGUSTO GALERY (ORG.)

DEZ TIPOS DE INTERVENÇÃO PARA UMA EAM

Com base na compreensão dos cinco principais critérios de mediação, bem como do funcionamento do ato mental (funções cognitivas e operações mentais), é possível construir uma lista das principais intervenções necessárias para conduzir uma mediação adequada. Uma EAM sempre leva em conta as necessidades do aprendiz, as condições específicas dos estímulos aos quais ele está exposto e a intencionalidade do mediador. Sasson (1996) elaborou a seguinte lista a ser considerada numa EAM:

1. O mediador filtra e seleciona estímulos, experiências e tarefas de acordo com a necessidade e as possibilidades do aprendiz. Por vezes, uma tarefa acadêmica pode provocar desequilíbrios para os quais o aprendiz não está preparado, provocando sua recusa e resistência.
2. O mediador organiza e determina o marco de experiências da criança no tempo e no espaço. Crianças pequenas não percebem a simultaneidade e a sucessão dos fatos, nem a noção de causalidade. É por meio da ação do mediador que esses aspectos fundamentais para entender a realidade são compreendidos. A contextualização das experiências num marco espaço temporal ajuda na construção do sentido, favorecendo o estabelecimento de relações.
3. O mediador isola, seleciona e assegura o reaparecimento do estímulo. Sem mediação, os estímulos aparecem e desaparecem de forma aleatória. Alguns aprendizes necessitam que o estímulo apareça sucessivamente e de diversas formas para conservar suas características essenciais. Muitas vezes o educador não consegue perceber essa necessidade da repetição, pois nem todos manifestam, por meio da reciprocidade, a intencionalidade do professor. Esse é o motivo pelo qual a reapresentação por diferentes discursos ou modalidades é fundamental para a construção do sentido por parte do aluno.

4. O mediador regula a intensidade, a frequência e a ordem de aparecimento dos diferentes estímulos, colocando limites em função das necessidades/possibilidades do mediado. Exemplo: a mãe dosa a intensidade do som da música para o bebê; o pai às vezes toma decisões em relação às experiências a que o filho terá acesso. O professor deverá condicionar a solicitação de participação por parte do aluno às suas possibilidades. Um conteúdo terá de ser apresentado em determinada ordem, dependendo das condições tanto do conteúdo quanto do aluno.

5. O mediador seleciona novos estímulos/experiências a fim de antecipar novos fatos. Quando isso não ocorre, poderá ocasionar uma percepção episódica da realidade, ou seja, uma falta ou limitação na percepção da relação entre os acontecimentos.

6. O mediador aponta para a necessidade de relacionar os acontecimentos, perceber a identidade, similitude, as diferenças e a exclusividade entre os estímulos e situações percebidas/vividas. Somente aprendizes maduros têm o hábito de estabelecer relações. No caso dos imaturos, caberá ao mediador provocar a necessidade do estabelecimento de relações, contribuindo para uma verdadeira aprendizagem criativa e significativa.

7. O mediador promove a regulação e adaptação das respostas. Compete a ele observar a qualidade destas. A criança impulsiva responde sem reflexão, cabendo ao mediador ajudá-la a se controlar nessa situação. Por outro lado, a criança mais inibida necessita de estímulo e encorajamento para se manifestar. Muitas vezes, o mediador indica outros sentidos que não puderam ser compreendidos.

8. O mediador fomenta a representação mental e a antecipação/ formulação de hipóteses diante de situações diversas, por meio de questionários: "como seria se..." ou "o que poderia ocorrer se..." Não se aprende a levantar hipóteses espontaneamente.

9. O mediador interpreta e atribui significado e valor a diferentes tipos de experiência (moral, ética, cultural). Assim, o aluno terá condições de ampliar seu sistema de necessidades.

Muitas vezes, ele vive em ambientes onde são valorizados apenas os aspectos pragmáticos. A escola, por meio do professor/mediador, poderá ajudá-lo a valorizar o conhecimento, mesmo que este não tenha um fim imediato.

10. O mediador provoca motivação intrínseca, ou seja, por meio de sua ação o aprendiz alcança a motivação interna. Para que isso ocorra, devem ser desenvolvidas a autoestima e a crença interna de competência. O reconhecimento do outro e a ampliação do sistema de necessidades são fundamentais nesse processo. A chave para a construção da motivação intrínseca está na busca do significado transcendente a cada ação ou experiência.

PRÉ-REQUISITOS QUE INTERFEREM NO ATO MENTAL

O ato mental se expressa pela ação das funções cognitivas e das operações mentais. É importante ressaltar que o desempenho do ato mental está diretamente relacionado a três aspectos: a) Orientação/organização; b) Necessidade; c) Capacidade, as quais estão articuladas e interdependentes. Sem a necessidade o aprendiz não usa sua capacidade. A orientação e organização contribuem para que surja a necessidade, que desencadeia capacidade (funções cognitivas e operações mentais).

1) Orientação/organização

As funções cognitivas e a capacidade de operar podem estar preservadas, mas sem um sistema de auto-organização e auto-orientação elas podem ficar comprometidas. Um aprendiz com dificuldades nas funções cognitivas terá mais condições de superá-las ao desenvolver um sistema próprio de orientação e organização.

2) Necessidade

Para utilizar adequadamente as funções cognitivas e operações mentais, o aprendiz deve desenvolver um sistema de necessidades. Quando isso não ocorre, compete ao mediador, por meio de um estilo interrogatório próprio e da mediação do sentimento de competência, ajudar o aprendiz a criar a necessidade de planejar uma ação, de analisar sua produção, de comparar diferentes exercícios etc.

O desenvolvimento de necessidades não está apenas relacionado com questões cognitivas, pois o aspecto motivacional, energético, é tão importante quanto os cognitivos. Muitas vezes é necessário mediar por meio do significado para que o aprendiz amplie suas necessidades – que a princípio podem ser bastante limitadas.

O êxito percebido pelo reconhecimento externo, isto é, do outro, é uma alavanca para a construção do reconhecimento próprio. Essa percepção é a responsável direta pela ampliação das necessidades do aprendiz. Muitos terapeutas da aprendizagem observam que algumas crianças estão movidas apenas pelo princípio do prazer. Suas necessidades limitam-se à sobrevivência orgânica e ao prazer mais primitivo: não conseguem sentir o prazer nos desafios que a vida acadêmica lhes oferece. Mediar para desenvolver uma ampliação das necessidades é sem dúvida um dos maiores desafios do educador.

3) Capacidade

Muitas vezes o aluno sente-se incapaz de realizar determinada ação. Na EAM o mediador estimula capacidades: de analisar, coletar a informação, revisar e estabelecer relações. Esse processo possibilita construir e desenvolver junto com o aprendiz habilidades metacognitivas que contribuem para autonomia, domínio e empoderamento.

CONSIDERAÇÕES FINAIS

O grande desafio da contemporaneidade é a aceitação das diferenças, divergências, possibilidades, disponibilidades e concepções das realidades que construímos. A proposta feuersteiniana de Experiência de Aprendizagem Mediada- EAM tem contribuído significativamente para o fortalecimento da capacidade do educador de lidar com o binômio mudança-resistência.

O educador-mediador, em diferentes contextos, além de ampliar seu raio de ação, coloca-se numa posição fundamental num mundo saturado de discórdias e propenso à centralização de opiniões. A globalização nos traz o desafio de aprender a conviver com as constantes mudanças. O educador-mediador é um agente de mudanças que faz diferença no sistema como um todo. Pessoas questionadoras, porém flexíveis e sensíveis às diferenças contribuem para a construção de comunidades mais democráticas, tolerantes e, por isso mesmo, evoluídas.

Somos todos construídos pelas narrativas que nós mesmos criamos e pela forma como somos descritos. Quando o foco na e da escolarização é a aprendizagem, sendo o conteúdo apenas um veículo, o empoderamento do estudante pode acontecer, independentemente da diversidade humana.

A aprendizagem por meio da construção do significado é uma condição humana, embora não seja espontânea nem natural. Reuven Feuerstein teve o mérito de revelar como ela contribui no processo de aprendizagem significativa. Ele identificou, analisou e didaticamente indicou um possível caminho.

A lição otimista feuersteiniana coloca a educação numa posição poderosa, pois pode contribuir para a transformação do ser humano. Feuerstein é um "humanista inconforme", isto é, não aceita rótulos, tabelas fixas para medir a inteligência humana. Por meio da mediação criteriosa é possível influir no desenvolvimento. Porém, ao mesmo tempo que mostra a força da educação, coloca o educador diante do paradoxo, pois convida-o a adotar uma posição de humildade ao exigir dele mudanças: o mediador deve tanto adaptar-se às necessidades do aprendiz como levar em consideração as exigências do conhecimento que deverá apresentar. Nessa concepção, ele está mais próximo do aluno, no sentido de provocar argumentações e ouvi-las para, numa construção conjunta, aproximarem-se do conhecimento.

Se o aluno pode modificar-se por meio da experiência de aprendizagem mediada, por que não o professor?

REFERÊNCIAS

BELTRÁN, J. M. M. *La mediación en el proceso de aprendizaje*. Madri: Bruño, 1994.

CORDIÉ, A. *Malestar en el docente, La educación confrontada con el psicoanálisis*. Buenos Aires: Nueva Visión, 1998.

DABAS, E. N. *Los contextos de aprendizaje*. Buenos Aires: Nueva Visión, 1988.

FEUERSTEIN, R The dynamic assessment of retarded performers – The learning potential assessment device, theory, instruments, and techniques. Illinois: Scott, Foresman and Company, 1979.

FEUERSTEIN, R. *et al. Instrumental enrichment: an intervention program for cognitive modifiability*. Londres: Scott, Foresman & Company, 1980.

FEUERSTEIN, R.; KLEIN, T.; TENNENBAUM, A. J. *Mediated Learning Experience (MLE) – The theorical, psychosocial and learning implication*. Londres: Freund, 1991.

FERNANDEZ, A. *A inteligência aprisionada*. Porto Alegre: Artes Médicas, 1990.

GALEANO, E. *O livro dos abraços*. Porto Alegre: L&PM, 1997.

GERGEN, K.; GERGEN, G. *Construcionismo social, um convite ao diálogo*. Rio de Janeiro: Instituto Noos, 2010.

MONERO, C.; GISBERT, D. D. *Tramas: procedimentos para a aprendizagem cooperativa*. Porto Alegre: Artmed, 2002.

PAÍN, S. "O processo de aprendizagem e o papel da escola na transmissão dos conhecimentos". *Cadernos Cevec*, São Paulo, 1985.

PINO, A. "O conceito de mediação em Vygotsky e seu papel na explicação do psiquismo humano". In: GÓES, M. C.; PINO, A. (orgs.). *Caderno Cedes 24 – Pensamento e linguagem: estudos na perspectiva da psicologia soviética*. Campinas: Papirus, 1991.

ROBINSON, K. "A criatividade nasce da diversidade". *Veja*, São Paulo, 20 abr. 2016.

RUBINSTEIN, E. "Da reeducação para a psicopedagogia, um caminhar". In: RUBINSTEIN, E. (org.). *Psicopedagogia uma prática, diferentes estilos*. São Paulo: Casa do Psicólogo, 1999.

AUGUSTO GALERY (ORG.)

_____. *O estilo de aprendizagem e a queixa escolar, entre o saber e o conhecer*. São Paulo: Casa do Psicólogo, 2003.

SASSON, D. *Comunicação verbal*. Curso LPAD, ministrado em abril de 1996 em Madri, Espanha.

TEIXEIRA, H. "O que significa o termo scaffolding em educação?". Site Hélio Teixeira. 2015. Disponível em: <http://www.helioteixeira.org/ciencias-da-aprendizagem/o-que-significa-o-termo-scaffolding-em--educacao/>. Acesso em: 6 ago. 2017.

TROCMÉ, H. A árvore do saber-aprender. São Paulo: Triom, 2004.

WOOD, D.; BRUNER, J. S.; ROSS, G. "The role of tutoring in problem solving". *The Journal of Child Psychology and Psychiatry*, v. 17, n. 2, abr. 1976, p. 89-100.

9. Práticas educacionais articuladas para o desenvolvimento e o aprendizado dos alunos
Deigles Giacomelli Amaro

INICIO ESTE CAPÍTULO APRESENTANDO um princípio "simples" para orientar o desenvolvimento de práticas educacionais inclusivas e de qualidade a todos e a cada um: *oportunizar que, nos espaços educacionais, sejam apresentados informações e conhecimentos e vivenciados experiências e desafios que respeitem quem é cada educando e sejam "verdadeiramente" significativos a eles, num ambiente acolhedor, construtivo, criativo e prazeroso, por meio de uma relação educativa de confiança, respeito, colaboração, cooperação e solidariedade.*

Concorda que assim seja?

Para responder a essa questão, convido-o a fechar os olhos por alguns minutos e fazer uma viagem de volta ao passado, visitando momentos em que foi aluno. Deixe vir as lembranças significativas que permitiram seu desenvolvimento e seu aprendizado.

O que é significativo nessa lembrança? O que, onde, quando e como está acontecendo? O que você está sentindo? O que você está desenvolvendo? O que você está aprendendo? O que o ajudou a se desenvolver e aprender? Você tem incorporado esse aprendizado em suas atividades cotidianas, sejam pessoais ou profissionais?

Agora, pegue uma folha de papel e uma caneta e registre todas as suas lembranças e respostas a essas questões.

Após essa "viagem", tentemos refletir se o princípio apresentado é pertinente, relevante e possível de orientar as práticas que visam colaborar para o desenvolvimento e o aprendizado de todos, de cada aluno. Também busquemos compreender o que chamo de "significativo".

De forma objetiva, "significativo" é o que significa, o que tem alguma importância para alguém. Assim, qual foi a importância das práticas que viveu?

As respostas a essas questões podem evidenciar, pela própria experiência pessoal, um significado, um sentido e uma importância favoráveis ao processo de desenvolvimento e de aprendizagem. Portanto, podemos considerar que o princípio apontado é simples porque, ao respeitarmos quem é o aluno e o que lhe é significativo, realizamos práticas educacionais favoráveis a todos e cada um.

Não se pode realizar uma "lista" de práticas favoráveis ao desenvolvimento e à aprendizagem dos alunos, mas é possível – e desejável – que elas sejam realizadas dando a devida atenção a cada um, com suas características, interesses e necessidades.

> As práticas educacionais devem ser "flexíveis", isto é, realizadas "na medida", como cada aluno precisa para progredir em seus processos de desenvolvimento, aprendizagem, construção de conhecimento e escolarização. Flexibilidade implica deixar-se afetar, influenciar e seguir pelo que a circunstância – que inclui o educando/aluno – indica.

Para que possamos ser flexíveis ao desenvolver as práticas educacionais, devemo-nos desapegar dos referenciais curriculares e dos planos preestabelecidos de ensino como grandes orientadores do processo. O educando/aluno, em seu contexto, é quem direciona o que e como será desenvolvido nas práticas educacionais, e não os referenciais e planos externos que não o consideram.

A seguir, farei algumas perguntas que podem ser consideradas "polêmicas", desestabilizadoras ou até incongruentes com nossa cultura educacional e escolar. Porém, elas são essenciais para seguirmos o caminho rumo a uma escola para todos e para cada um.

A ESCOLA PARA TODOS E PARA CADA UM

- Todos os alunos precisam aprender: a ler e escrever; a somar e dividir; a diferença entre cidade, estado e país; o que é planície; o que é fotossíntese; as leis de Newton; quais são os elementos da tabela periódica; a resolver uma equação de segundo grau; quais são os advérbios de intensidade; o que é cultura grega e romana; quais são os oceanos que banham o continente europeu; quem descobriu a América; o nome das formas geométricas; o que é Lei de Boyle?
- Se sim, no mesmo tempo e espaço ou usando os mesmos recursos e procedimentos didáticos para aprendê-los? Com qual significado e vinculação com sua vida cotidiana?
- Se somente alguns deles são relevantes, como identificá-los?
- Será que são para todos os alunos?
- Partir do princípio de que devemos disponibilizar e transmitir o conhecimento a todos os estudantes garante que eles aprendam ou que somente "memorizem" por determinado tempo – provavelmente o que circunda o período de provas ou o ano em que ele foi apresentado?
- Você, como ex-aluno, sabe a resposta das perguntas do primeiro item e utiliza o conteúdo em seu cotidiano?

Trazer essas questões não significa que consideramos os conceitos apontados no primeiro item desnecessários, irrelevantes para a formação de cada educando, aluno, criança, adolescente, jovem ou cidadão, ou que a escola ou os contextos educacionais devem se abster da intenção de proporcionar seu aprendizado aos alunos. Entretanto, entendemos que eles não sejam essenciais na vida de todas as pessoas, além de ser apresentados da mesma forma e sem articulação com os interesses, as necessidades e a vida de cada um.

Assim, convido o leitor a se orientar pelas questões que continuarei a propor e a considerar novas possibilidades em favor do desenvolvimento de práticas educacionais para todos e para cada um. Elas estão organizadas com base na relação do educando/

AUGUSTO GALERY (ORG.)

aluno com as pessoas, o espaço, o tempo, os objetos/materiais e as atividades, tal como apresentado por Amaro (2006), Piaget (2001) e Macedo (2001), bem como por outros autores que tratam da importância do cotidiano no processo educacional[1].

CONSIDERAÇÕES E POSSIBILIDADES DE PRÁTICAS EDUCACIONAIS PARA TODOS E PARA CADA UM

RELAÇÃO COM AS PESSOAS

Quais são as características de desenvolvimento e de aprendizagem do educando? Como ele se movimenta no espaço? Como ele se comunica? Como compreende o que está ao seu redor? Como manifesta o que pensa, o que sente, o que quer? De que ele gosta? Quais são seus interesses e habilidades? Como ele interage com as demais pessoas do cotidiano (colegas, educadores, pais etc.)? Que formas de interação com as pessoas de que ele mais gosta parecem favorecer seu aprendizado? É necessário algum recurso de tecnologia assistiva para que ele estabeleça relação com as pessoas? Se sim, qual e em que momento?[2]

RELAÇÃO COM O ESPAÇO

Quais são os espaços mais favoráveis para desenvolver as atividades dos diferentes momentos do contexto educativo para cada educando e seu grupo? Uma sala de aula com carteiras individuais, uma atrás da outra, uma lousa e o educador/professor à frente? Em salas de aula com mesas coletivas para trabalho em grupo? Em salões temáticos com mesas coletivas e individuais?

---

1. A fim de aprofundar a escolha desses itens para referenciar a apresentação que segue, consulte Amaro (2006).

2. Levantamos neste capítulo princípios e questões fundamentais para realizar práticas educacionais a todos e a cada aluno. Assim, entendemos que alguns deles podem ter algum tipo de deficiência, transtorno ou necessidade específicos de desenvolvimento e necessitar do uso da tecnologia assistiva, tema desenvolvido no Capítulo 10 deste livro.

Em salões amplos, com diferentes recursos, como mesas, cadeiras, colchonetes, carpetes, computadores, lousas, projetor, pia, bancadas etc.? No parque? Em locais e estabelecimentos da comunidade, como supermercados, igrejas, cinema, teatro e biblioteca? Em que espaço cada educando se concentra melhor na atividade? Qual deles facilita sua mobilidade de acordo com suas características? Qual deles lhe oferece mais autonomia?

RELAÇÃO COM O TEMPO

Quanto tempo o educando tem de concentração em cada atividade? Como ele se organiza e de quanto tempo necessita para realizá-las? Ele se organiza no prazo estipulado, nas diferentes atividades da rotina em que está envolvido? Como ele organiza a sequência das atividades em que tem interesse e como lhe é proposto que as realize? Ele planeja e finaliza as atividades considerando o tempo disponível para realizá-la? O que o auxilia a se organizar no tempo? Em que atividades ele precisa de mais tempo que os demais educandos? Em quais delas necessita de menos tempo?

RELAÇÃO COM OS OBJETOS/MATERIAIS

Que objetos e materiais o educando gosta de utilizar nas atividades cotidianas? Quais deles lhe proporcionam um envolvimento mais significativo, com base nas habilidades e possibilidades sensoriais, motoras, cognitivas, psíquicas que apresentam? Qual é a quantidade de material necessária? Quais são as características desse material? É mais interessante que o aluno tenha um material com estimulação visual, tátil, auditiva ou motora? É mais funcional que ele manipule objetos mais finos, mais grossos, em menor ou maior quantidade?

RELAÇÃO COM AS ATIVIDADES

Que atividades proporcionam "brilho nos olhos" do educando? Quais delas favorecem seu desenvolvimento e o aprendizado de conteúdos procedimentais, conceituais, atitudes e valores significativos para ele e para o contexto em que está inserido? Quais são as formas de propor a ele atividades desafiadoras e prazerosas? Quais delas favorecem o desenvolvimento de sua autonomia? Quais favorecem atitudes de respeito ao próximo, solidariedade e cooperação? Que informações, conteúdos e conceitos envolvidos em cada atividade fazem mais sentido no momento, com base em seus interesses, necessidades na vida cotidiana, habilidades, desenvolvimento etc.

A seguir, apresentaremos breves trechos de práticas educacionais que podem ser realizadas de acordo com o princípio defendido neste capítulo. Elas foram inspiradas em vivências dos autores desta obra em sua atuação profissional.

HISTÓRIAS DE PRÁTICAS EDUCACIONAIS ARTICULADAS A CADA ALUNO[3]

A "MASSINHA QUE DEU LIGA"

Pedro, 5 anos, era aluno de uma escola pública e gostava muito de brincar de massinha. Ele não mantinha interação verbal com os colegas e a professora e raramente os olhava nos olhos. Quando queria algo, levava a mão da professora Andreia ao objeto ou à situação que gostaria de realizar. Segundo ela, ele não se interessava pelas outras atividades propostas.

Considerando o "gosto" de Pedro e dos demais alunos pela massinha, Andreia passou a usá-la com frequência, pois percebeu que o material propiciava uma conexão em prol da aprendizagem de vários alunos, numa vivência lúdica, de imaginação e criatividade. Além disso, começou a usar os rolinhos de massinha feitos por Pedro e pelos demais alunos para: compor as letras do nome de cada um; fazer jogos de sequências numéricas; ela-

---

3. Os nomes dos protagonistas das histórias foram alterados para preservar sua identidade.

borar cartões decorativos, que foram colados e usados para identificar onde cada aluno deveria guardar sua mochila; joguinhos de dominó, entre outras criações.

Ao longo dessas atividades, a professora relatou que Pedro estava bastante alegre, além disso, ampliou os momentos em que olhava para os demais colegas e professores; mostrou a intenção de fazer não só rolinhos, mas também o formato das letras, emitindo sons a fim de comunicar-se com o outro; ficou mais calmo, atento e adquiriu compreensão progressiva nas demais atividades da rotina. Os demais alunos se divertiram e aprenderam o que fazia sentido para eles, como: identificar as letras e compor com elas seu nome; realizar sequências numéricas; identificar e parear os iguais ou diferentes; classificar o que era maior e menor; fazer formas que conheciam e usá-las para criar robôs, casas, árvores etc.

A HISTÓRIA DE MARIA

Maria era aluna do quinto ano do ensino fundamental de uma escola pública. Sua professora de geografia, Regina, estava trabalhando com os alunos as diferentes regiões do Brasil: Norte, Nordeste, Sul, Sudeste e Centro-Oeste. Pensando numa forma de apresentar o tema a todos os alunos, Regina perguntou-lhes se tinham alguma sugestão.

Otávio logo disse que teriam de construir um mapa em relevo, porque assim Maria, que não enxergava, poderia sentir as divisões de cada região pelo seu contorno. Maria achou ótima a ideia e sugeriu que escolhessem materiais diferentes para colar e representar as diferentes regiões. Cíntia foi logo dizendo que poderiam colar em cada uma delas lantejoulas e miçangas. Já Pedro disse que achava mais legal colar em cada região materiais que representassem algo característico do local.

Luana perguntou à professora o que poderiam usar para apoiar a colagem da região, já que o material que seria colocado era pesado e no papel comum não haveria sustentação. Vitor sugeriu um pedaço de madeira, por ser duro, mas Rafael disse que não daria certo porque seria difícil colar os materiais na madeira com cola comum. Regina propôs que fossem ao almoxarifado da escola para procurar materiais que pudessem ser úteis. Alguns alunos foram com a professora, inclusive Maria.

Verificaram que havia placas grandes de isopor. Maria tateou uma delas e considerou que poderia ser interessante, então os alunos levaram quantidade suficiente para montar seis grupos de cinco alunos. No retorno à sala de aula, dividiram-se em grupos, fazendo um levantamento do interesse comum dos materiais que estavam pensando em utilizar.

Na aula seguinte, os grupos se organizaram com a mediação da professora Regina, que ia problematizando o porquê de cada material escolhido e sua relação – ou não – com a região. Eles usaram livros de geografia com mapas das regiões para se orientar na elaboração do trabalho. A cada dúvida, iam conversando entre eles e, quando necessário, perguntando à professora.

Ao longo da produção dos mapas, divertiam-se conhecendo os materiais que cada um tinha trazido e descobrindo alternativas para fazer o relevo, o qual era testado por Maria.

No final, fizeram uma exposição interna dos mapas e, depois, escolheram expô-los no pátio central da escola com um texto explicativo redigido por cada grupo sobre o que tinham feito e por quê. Cada grupo pontuou aspectos diferentes em seu texto, inclusive em relação ao que aprenderam sobre os mapas e as localizações geográficas. Soraia, aluna com síndrome de Down que não escrevia, ditou o que gostaria que fosse registrado e, junto com Letícia, contou como foi o processo de seu grupo aos demais alunos interessados, num horário instituído na rotina da escola como "aprendendo com os amigos".

A HISTÓRIA DE ANTÔNIO, NICOLE, MARCOS, VINÍCIUS, LETÍCIA...

Esta história aconteceu ao longo de um dia, das 7h30 às 16h, em diferentes espaços de uma escola de uma associação civil de assistência social, de natureza beneficente, filantrópica e cultural sem fins econômicos e lucrativos, com alunos entre 8 e 12 anos.

O cenário era uma sala de 25 m², iluminada com luz natural, com janelas amplas, quatro conjuntos de quatro mesas espalhadas pela sala e armários abertos em que constavam materiais de uso coletivo e pessoais dos alunos com seus respectivos nomes e organizados por série. Nas paredes estavam expostos folhas sulfite com os valores da instituição, programa curricular possível de ser desenvolvido, recados sobre oficinas e atividades que aconteceriam ao longo do dia ou da semana, projetos desenvolvidos pelos alunos e relação de alunos/grupos/atividades/dia/horário dos quais faziam parte. Havia uma lousa, quatro mesas com computadores e duas mesas livres. Para cada mesa da sala havia duas cadeiras.

Ao chegarem, os alunos guardaram mochilas e/ou bolsas nos espaços destinados a isso, buscaram seus cadernos e materiais no armário, escolheram um lugar em uma das mesas e elaboraram a proposta de suas atividades do dia. Alguns consultaram seu roteiro de estudo em um caderno no qual constava uma programação quinzenal de temas de estudo/conteúdos e atividades a desenvolver. Depois de finalizar essa rotina, levaram-na até Rogério, educador/tutor da sala, que a verificou, vistou e, quando necessário, problematizou. Em seguida, cada aluno foi realizar a sequência das atividades planejadas. Ao longo das atividades, música instrumental calma tocava na sala de aula.

Antônio foi à horta externa à sala e, com André, aluno do outro grupo, fez sua rega, explicando o funcionamento da cisterna de armazenamento da água que estava utilizando. Ao fazerem isso, observavam as plantas e comentavam suas características, como a impermeabilidade das folhas quando a água caía sobre ela, problematizando por que aquilo acontecia. Também nomearam algumas mudas de plantas e verduras.

Na sala, individualmente, em duplas ou grupos de até três pessoas, os outros alunos realizaram diferentes atividades:

Marcos e Vinícius fizeram um cartaz sobre o que é um DJ e suas funções; Fábio e Carlos realizaram uma pesquisa sobre diferentes tipos de automóvel e sobre o funcionamento de seus respectivos motores; Letícia assistiu a um programa sobre o funcionamento do cosmo pela internet; Nicole reescreveu um capítulo de um livro de história no *laptop*; Priscila e Vitória pesquisaram em livros didáticos o que eram palavras oxítonas e realizaram exercícios sobre o assunto; entre outras.

Rogério, o educador/tutor, observava a todos, circulando entre eles à disposição para possíveis esclarecimentos. Problematizou-os quando sentiu que as crianças precisavam estabelecer alguma relação para compreender o que estava sendo visto e, quando necessário, ofereceu informações sobre o tema no qual trabalhavam, sugerindo livros ou que perguntassem a um colega que poderia auxiliar naquela pesquisa/estudo. Rogério também questionou os alunos sobre o motivo da escolha dos itens/temas/conceitos/atividades que cada um incluiu em seu roteiro de estudos.

Nas histórias apresentadas, percebemos uma articulação das práticas desenvolvidas com interesses, necessidades e características dos diferentes alunos, todos protagonistas das histórias. O modo de se relacionar com os alunos e a organização do tempo, do espaço, dos materiais e das atividades oportunizam que cada aluno aprenda da melhor forma.

Assim, as questões propostas sobre o que observar e o que considerar em favor do desenvolvimento de práticas educacionais para todos e para cada um podem ser orientadoras em diferentes contextos educacionais, de forma intencional, sistemática e contínua – mas também num ambiente acolhedor, criativo e prazeroso, mediante uma relação educativa de confiança, respeito, cooperação e solidariedade. Assim, podem-se vivenciar experiências e desafios que respeitem cada educando em sua singularidade e sejam "verdadeiramente" significativos para eles.

REFERÊNCIAS

AMARO, D. G. *Educação inclusiva, aprendizagem e cotidiano escolar.* São Paulo: Casa do Psicólogo, 2006 (Coleção Psicologia e Educação).

MACEDO, L. de. *O cotidiano na sala de aula.* Manuscrito não publicado. São Paulo: Instituto de Psicologia da Universidade de São Paulo, 2001.

PIAGET, J. *A construção do real na criança.* São Paulo: Ática, 2001.

10. Tecnologia assistiva e ajudas técnicas
Augusto Galery

A TECNOLOGIA ASSISTIVA DEFINE e elabora as ferramentas ou os recursos de apoio à pessoa com deficiência que visam aumentar sua qualidade de vida e autonomia diante de barreiras ainda existentes na sociedade. Após um período em que o termo foi utilizado para designar aparelhos, equipamentos e dispositivos concretos utilizados como apoio à pessoa deficiente – fossem esses mecânicos, elétricos, eletrônicos etc. (Sassaki, 1996) –, discussões realizadas por diversos órgãos, entre eles o Comitê de Ajudas Técnicas (CAT) do Governo Federal (2009), ampliaram seu entendimento para uma área interdisciplinar do saber na qual se estuda e define o que é tecnologia assistiva e quais são suas funcionalidades e seu impacto social. Essa definição foi muito influenciada pela Convenção sobre os Direitos das Pessoas com Deficiência (ONU, 2006), que incentiva os países signatários a

> realizar ou promover a pesquisa e o desenvolvimento, bem como a disponibilidade e o emprego de novas tecnologias, inclusive as tecnologias da informação e comunicação, ajudas técnicas para locomoção, dispositivos e tecnologias assistivas, adequados a pessoas com deficiência, dando prioridade a tecnologias de custo acessível.

Ainda se discute sobre a melhor nomenclatura a ser utilizada. O CAT tem optado por usar como sinônimos os termos "ajudas técnicas", "tecnologia assistiva" e "tecnologia de apoio", dando preferência ao segundo. A convenção da ONU utiliza os termos "ajudas técnicas", "dispositivos" e "tecnologia assistiva", sem defini-los. Já a Lei Brasileira da Inclusão da Pessoa com Deficiência (LBI) traz os termos "ajudas técnicas" e "tecnologia assistiva" como sinônimos, referindo-se aos "produtos, equipamentos, dispositivos, recursos, metodologias, estratégias, práticas e serviços" (Brasil, 2015).

Objetivando a clareza da leitura, optarei, neste capítulo, por utilizar o termo "Tecnologia Assistiva", no singular e com iniciais maiúsculas, para designar a área de conhecimento, e *"ajuda(s) técnica(s)"* para designar ferramentas, recursos, práticas etc.

> Há algum tempo, fui visitar uma escola no interior do Ceará. Ao chegar lá, notei que um funcionário da instituição tinha, numa mesa, alguns tubos de espuma de cerca de 2 centímetros de diâmetro, daqueles usados como isolante térmico em instalações de aparelhos de ar-condicionado. O funcionário os cortava em pedaços de cerca de 15 centímetros. Curioso, perguntei à diretora o que estava acontecendo. Ela me explicou que aquele funcionário havia descoberto que as pessoas com dificuldade de coordenação fina que estudavam na escola se adaptavam melhor a esse tipo de material do que aos engrossadores de lápis que a Secretaria de Educação havia oferecido. Além disso, os tubos eram mais baratos que os engrossadores de lápis.

O termo *ajudas técnicas* ajuda a desconstruir a ideia de que as *tecnologias* utilizadas são sempre sofisticadas e caras. Engrossadores de lápis e cadernos com pauta aumentada são exemplos de ajudas técnicas simples que não necessitam de grandes investimentos.

Nessa linha, o Ministério da Educação (2013, grifo meu) define ajudas técnicas como *"elementos* que permitem compensar uma ou mais limitações funcionais motoras, sensoriais ou mentais da pessoa com deficiência, com o objetivo de permitir-lhe superar as barreiras da comunicação e da mobilidade".

Já o objetivo da Tecnologia Assistiva é mais amplo, sendo definido pela Lei Brasileira da Inclusão (2015) como o de "promover a funcionalidade, relacionada à atividade e à participação da pessoa com deficiência ou com mobilidade reduzida, visando à sua autonomia, independência, qualidade de vida e inclusão social".

Ou seja, o campo da Tecnologia Assistiva compreende qualquer forma de redução de uma barreira social e desenvolvimento de autonomia e qualidade de vida da pessoa com deficiência – ou mesmo de alguém com uma necessidade específica temporária (como o uso de cadeira de rodas depois de um acidente). Nesse sentido, até mesmo a ajuda humana – como a de um enfermeiro ou pedagogo auxiliar em sala de aula – deve ser pesquisada e desenvolvida pela Tecnologia Assistiva, a fim de proporcionar o máximo de autonomia.

> Numa escola em São Bernardo do Campo, a auxiliar de sala designada para acompanhar uma criança com paralisia cerebral cursando o primeiro ano do ensino fundamental criou uma relação de dependência com ela. A questão levou a conflitos entre essa auxiliar e a professora, nos quais a primeira, com a intenção de proteger a aluna, evitava que a criança interagisse com outros estudantes ou iniciasse o processo de alfabetização. A direção da escola foi forçada a intervir, já que a auxiliar não estava promovendo a autonomia da criança. Depois que a auxiliar foi reorientada, a estudante mostrou potencial para a leitura, sendo capaz de mostrar com a cabeça as palavras escritas que lhe eram ditas.

A Tecnologia Assistiva deve combater uma barreira socialmente construída; nesse sentido, é possível pensar em ajudas técnicas sociais, coletivas ou individuais. Assim, conseguir um intérprete de Língua Brasileira de Sinais (Libras) para possibilitar a participação de um aluno surdo poderia ser visto como uma ajuda técnica individual. Utilizar vídeos com recursos de janela de Libras seria uma ajuda coletiva, já que o mesmo material poderia ser utilizado ao mesmo tempo por alunos que se comunicam de formas diferentes. Promover cursos de Libras para a comunidade, incluindo professores, estudantes e funcionários da escola na qual se insere o estudante, a fim de transformar o entorno e remover a barreira de comunicação, seria uma ajuda técnica de alcance social. Idealmente, a prioridade seria desenvolver tecnologias sociais, depois coletivas e, caso essas formas não solucionassem o problema, lançar mão das ajudas técnicas individuais.

Existem, hoje, vários tipos de ajuda técnica, que receberam diversas classificações conforme suas funcionalidades. Por exemplo, a International Organization for Standardization (ISSO), organização mundial com o objetivo de criar padrões universais nas mais diversas áreas, lançou em 2002 a norma 9999, "Produtos assistivos para pessoas com deficiências – classificação e terminologia", com última revisão em 2011. Essa norma utiliza a nomenclatura da Classificação Internacional de Funcionalidades, Deficiência e Saúde (conhecida como CIF), proposta da Organização Mundial de Saúde (2015) como alternativa à classificação das deficiências com base na lógica médica. As categorias propostas pela ISO 9999 são as seguintes:

- tratamento médico pessoal;
- treinamento de habilidades;
- órteses e próteses;
- proteção e cuidados pessoais;
- mobilidade pessoal;
- manutenção doméstica;
- mobiliário e adaptações para residências e outras edificações;
- comunicação e informação;
- manuseio de objetos e equipamentos;
- melhorias ambientais, ferramentas e máquinas;
- emprego e treinamento vocacional;
- lazer.

Dentro dessas classes, a ISO traz 980 ajudas técnicas que podem auxiliar nas mais diversas tarefas. Diante da grande quantidade de recursos disponíveis e lembrando que diversas outras possibilidades podem ser criadas no dia a dia, torna-se necessário entender que tipo de ajuda adotar.

ESCOLHENDO A AJUDA TÉCNICA

Seguindo o princípio da autonomia, concretizado no famoso lema "nada sobre nós sem nós" (Sassaki, 2007), a definição de que ajuda técnica será utilizada para auxiliar um estudante deve envolvê-lo no processo. No caso de situações de ensino, no entanto, é necessária uma investigação que também seja didática para a escolha. O processo de escolha depende, portanto, da relação entre o desejo e a especificidade do estudante, dos objetivos pedagógicos dos professores e dos recursos disponíveis. Marra e Mendes (2014), baseados em material do Ministério da Educação (Brasil, 2013), sugeriram um processo de sete etapas para definir a melhor ajuda técnica a ser utilizada:

1. entender a situação;
2. gerar ideias;
3. escolher a alternativa;
4. planejar a implantação;
5. implantar;
6. avaliar e adequar o uso;
7. acompanhar o uso.

Entender a situação consiste em compreender, de um lado, o potencial e as preferências pessoais do estudante diante de uma demanda específica, consultando a ele e à sua família sobre o que é necessário para transpor uma barreira educacional. De outro lado, é preciso conhecer o plano de ensino do professor, sua dinâmica de aula e outras questões didáticas envolvidas, a fim de possibilitar que sejam atendidas as duas solicitações: a do educando e a do educador. Esse processo pode ser realizado em encontros entre o professor, o aluno e sua família ou mediado por profissionais do atendimento educacional especializado.

Gerar ideias considera as opções possíveis para atender à situação. Conversar com profissionais da área de Tecnologia

Assistiva, design universal e atendimento educacional especializado (AEE) é uma boa prática para ampliar as possibilidades, assim como consultar os catálogos existentes. Essa fase precisa considerar os recursos disponíveis e o acesso à ajuda escolhida, já que, enquanto muitas dessas ferramentas podem ser obtidas facilmente, outras demandam tempo e dinheiro – tanto para a compra quanto para a capacitação ao uso pelos atores envolvidos.

Escolher a alternativa significa chegar a um consenso entre as pessoas envolvidas (aluno e sua família, professor e direção, AEE e muitas vezes gestores públicos, assistentes sociais e outros).

Planejar a implantação consiste em ter clareza dos recursos (financeiros, temporais, humanos) necessários que a ajuda técnica demandará dos envolvidos, incluindo o tempo de capacitação necessário e as necessidades implicadas nesse treinamento. Partimos do princípio de que, para que uma ajuda técnica esteja totalmente funcional, as pessoas devem ter uma atitude positiva em relação a ela (Galery, 2004).

Implantar é colocar em prática o planejamento realizado, adquirindo a ajuda técnica, treinando as pessoas e certificando-se de que ela está sendo utilizada no dia a dia para a finalidade que requereu sua aquisição.

Avaliar e adequar o uso significa não partir do pressuposto de que a questão é pontual, ou seja, que, uma vez implantada a ajuda técnica, tudo funcionará bem para sempre. É necessário prever ciclos de avaliação da eficiência diante da finalidade, pois existem diferentes possibilidades: a ajuda técnica pode estar aquém do que se esperava, pode estar adequada ou pode ter deixado de ser necessária – nesse caso, deixará de ser utilizada.

Por fim, *acompanhar o uso* significa terminar a implantação e colocar o plano de avaliação em prática, estabelecendo rotinas, monitorando resultados e checando se os princípios de Tecnologia Assistiva estão sendo respeitados. Além disso, os ambientes estão em constante mudança, sendo necessário que tanto educador quanto educando estejam satisfeitos com o uso e abertos a adaptações necessárias.

UM MODELO TRIDIMENSIONAL PARA AJUDAS TÉCNICAS

Numa pesquisa de 2005, defini um modelo de três dimensões para tratar das relações entre tecnologia e inclusão (Galery, 2008): 1) o acesso à tecnologia; 2) a capacitação para usá-la; e 3) a atitude positiva diante dela. Acredito que esse também seja um bom modelo para pensar na incorporação de ajudas técnicas às práticas diárias das pessoas com deficiência.

Em primeiro lugar, é necessário ter *acesso* à ajuda técnica. Tal acesso é garantido pela Lei Brasileira de Inclusão (2015) e pela Convenção sobre os Direitos das Pessoas com Deficiência (2009). A legislação atualmente vigente define como dever do poder público garantir a oferta de Tecnologia Assistiva, por meio das seguintes medidas:

I – facilitar o acesso a crédito especializado, inclusive com oferta de linhas de crédito subsidiadas, específicas para aquisição de tecnologia assistiva;

II – agilizar, simplificar e priorizar procedimentos de importação de tecnologia assistiva, especialmente as questões atinentes a procedimentos alfandegários e sanitários;

III – criar mecanismos de fomento à pesquisa e à produção nacional de tecnologia assistiva, inclusive por meio de concessão de linhas de crédito subsidiado e de parcerias com institutos de pesquisa oficiais;

IV – eliminar ou reduzir a tributação da cadeia produtiva e de importação de tecnologia assistiva;

V – facilitar e agilizar o processo de inclusão de novos recursos de tecnologia assistiva no rol de produtos distribuídos no âmbito do SUS e por outros órgãos governamentais.

No caso da educação, esse acesso dirige-se às seguintes categorias (Brasil, 2013):

- recursos pedagógicos adaptados;
- adaptadores manuais;

- informática;
- mobiliário adaptado;
- mobilidade;
- recursos para comunicação alternativa.

> No Acre, O Centro de Apoio ao Surdo (CAS), mantido pelo governo estadual, aproximou-se das escolas para oferecer seu *know-how* na educação de pessoas surdas, auxiliando na criação de ajudas técnicas – em especial recursos pedagógicos adaptados – para que os educadores trabalhassem melhor com esses estudantes. Por esse modelo de atuação, o CAS apresentava-se aos professores e, com base nas conversas sobre os conteúdos a ser dados e nos planos pedagógicos adotados, sugeriam e/ou elaboravam materiais específicos que pudessem ser usados por todos (tanto por surdos quanto por não surdos) na sala de aula, ao mesmo tempo eliminando a necessidade de dividir os alunos. Entre outros, eles construíram uma roleta de imagens que podia ser usada nas aulas de alfabetização (entendendo que os surdos aprenderiam o português escrito como segunda língua). Esse mesmo centro oferecia ainda cursos de Libras para educadores e gestores da educação.

Em relação à *capacitação*, é importante reafirmar que não apenas as pessoas com deficiência devem ser treinadas a usar ajudas técnicas, mas também os educadores. A Convenção (Brasil, 2009, grifo meu) afirma:

> A fim de contribuir para o exercício desse direito [à educação], os Estados Partes *tomarão medidas apropriadas* para empregar professores, inclusive professores com deficiência, habilitados para o ensino da língua de sinais e/ou do Braille, e *para capacitar profissionais e equipes atuantes em todos os níveis de ensino*. Essa capacitação incorporará a conscientização da deficiência e a *utilização de modos, meios e formatos apropriados de comunicação aumentativa e alternativa, e técnicas e materiais pedagógicos*, como apoios para pessoas com deficiência.

Por fim – e talvez seja essa a questão mais complexa –, é necessário que a *atitude* da sociedade seja em prol da inclusão das pessoas com deficiência na educação. Esse termo, proveniente da psicologia social comportamental (Galery, 2004), refere-se à forma como nossas crenças e valores podem moldar nosso comportamento, por estarem carregadas de afetos individuais e influências sociais[1].

MODIFICANDO ATITUDES

Uma atitude positiva diante do uso da Tecnologia Assistiva significa que o educador tem a inclusão como valor e sente-se implicado nesse processo. Passa, portanto, a ver como natural lançar mão de tais ferramentas e até mesmo se capacitar pedagogicamente para utilizá-las, assim como considera natural o uso de quadro-negro, livros e outros recursos didáticos já estabelecidos. Para obtermos tal mudança no comportamento do professor, no entanto, é necessário que certas condições sejam atingidas. Tais condições dependem tanto dos gestores e da própria sociedade quanto do educador, que terá pouca atuação se tomado isoladamente.

Em primeiro lugar, é necessário que a comunidade – o entorno social – endosse tal mudança. Os pais, por exemplo, têm oferecido uma influência muitas vezes cruel sobre as escolas, ao não aceitarem a inclusão de estudantes com deficiência no ensino regular. É necessário que escolas e secretarias de educação façam campanhas de esclarecimento à população, chamem a comunidade para conversar e abram os portões e os ouvidos para escutar seus medos e suspeitas. Este é o *componente social* da atitude:

---

1. A operacionalidade desse conceito que proponho se encaixa aqui porque permite uma atuação fora do âmbito psicológico. Ao mesmo tempo, ressalto que minha opção é sempre pela interdisciplinaridade dentro da psicologia, da educação e de áreas afins, permitindo assim a adoção de paradigmas diferentes. Se em grande parte desse trabalho a psicanálise é tomada como teoria de fundo, tal fato não nos impede de lançar mão de outras teorias que percebamos mais apropriadas ao leitor.

partir do pressuposto de que a pressão social é intensa. Portanto, é necessário que essa pressão esteja do lado da inclusão, apoiando (e, por vezes, exigindo) as mudanças.

Por outro lado, é preciso informar ao professor o que significa ter novas ajudas técnicas na sala, por que elas são necessárias, quais delas estão disponíveis e para que servem etc. Quanto mais informação oferecermos sobre a utilização da Tecnologia Assistiva, maior congruência teremos com os comportamentos que queremos ver adotados. Esse é o *componente cognitivo* da atitude.

Além disso, é fundamental remover barreiras e qualquer sensação de punição que possam resultar do novo comportamento esperado. Essas são as principais ações para modificar o *componente afetivo* da atitude. Na maioria das conversas com os professores, essa sensação de punição torna-se evidente por meio de declarações como "isso aumenta nosso trabalho"; "não podemos dar mais atenção a um aluno do que aos outros"; "não tivemos formação para lidar com isso". Todas essas falas são sempre acompanhadas de sentimentos negativos que podem culminar no estresse e na depressão.

Por fim, há um *componente comportamental* da atitude; para modificá-lo, é preciso deixar claro o que se espera do comportamento do professor. A capacitação auxilia sobremaneira tais mudanças, assim como a supervisão e o apoio de especialistas (como as equipes de atendimento educacional especializado, especialistas utilizados pelos educandos, entre outros).

Uma escola na Grande São Paulo queria tornar-se inclusiva. Para isso, a direção investiu numa formação em grupo, envolvendo professores, equipe pedagógica e pais (componente social). Representantes desse grupo foram incumbidos de descobrir as dificuldades existentes para o uso da Tecnologia Assistiva e pensar em como enfrentá-las (componente afetivo). Os professores se dividiram nos diversos temas levantados e pesquisaram a respeito do assunto (componente cognitivo), fazendo uma apresentação para o restante da escola sobre as ajudas técnicas viáveis e como implementá-las (componente comportamental). Dessa forma, foram capazes de modificar as atitudes negativas em relação à inclusão na escola.

REFERÊNCIAS

BRASIL. *Decreto n. 6.949, de 25 de agosto de 2009, Brasília, 2011 – Promulga a Convenção Internacional sobre os Direitos das Pessoas com Deficiência e seu Protocolo Facultativo.* 2011. Disponível em: <http://www.planalto.gov.br/ccivil_03/_ato2007-2010/2009/decreto/d6949.htm>. Acesso em: 1º abr. 2015.

_____. Ministério da Educação. Portal de Ajudas Técnicas. 2013. Disponível em: <http://portal.mec.gov.br/index.php?option=com_content&view=article&id=12681>. Acesso em: 31 out. 2014.

_____. *Lei nº 13.146, de 6 de julho de 2015 – Lei Brasileira da Inclusão.* 2015. Disponível em: <http://www.planalto.gov.br/ccivil_03/_Ato2015-2018/2015/Lei/L13146.htm>. Acesso em: 26 jun. 2017.CAT – Comitê de Ajudas Técnicas. *Tecnologia Assistiva.* Brasília: Comitê de Ajudas Técnicas, 2009.

GALERY, A. *A atitude como fator de adoção de tecnologia.* Dissertação (mestrado em Administração de Empresas), Fundação Getulio Vargas, São Paulo (SP), 2004.

_____. "Os desafios da inclusão digital: acesso, capacitação e atitude". In: CORRÊA, R. M. *Avanços e desafios na construção de uma sociedade inclusiva. Belo Horizonte.* Belo Horizonte: PUC/Minas, 2008, p. 117-28.

MARRA, A. C.; MENDES, R. H. *Guia para produção de material didático inclusivo.* Rio de Janeiro: Fundação Roberto Marinho, 2014.

ORGANIZAÇÃO DAS NAÇÕES UNIDAS. *Convenção sobre os direitos das pessoas com deficiência.* Nova York: ONU, 2006.

ORGANIZAÇÃO MUNDIAL DA SAÚDE. *International Classification of Functioning, Disability and Health (ICF).* 16 dez. 2015. Disponível em: <http://apps.who.int/classifications/icf/en/>. Acesso em: 1º jun. 2016.

SASSAKI, R. K. "Por que o nome 'tecnologia assistiva'?". 1996. Disponível em: <http://www.assistiva.com.br/tassistiva.html>. Acesso em: 8 maio 2016.

_____. "Nada sobre nós, sem nós: da integração à inclusão". *Revista Nacional de Reabilitação,* n. 57, jul.-ago./set.-out. de 2007, p. 8-16/20-30.

Os autores

ANDREIA PINTO

Pedagoga com habilitação em Deficiência Mental pela Universidade Metodista de Piracicaba (Unimep/Piracicaba), psicopedagoga com formação em Programa de Enriquecimento Instrumental (PEI) I e Básico e arteterapeuta. Tem experiência como professora na educação especial e no ensino regular. Especialista em jogos, ministra cursos e oficinas para educadores.

AUGUSTO GALERY

Doutor e pós-doutorando em Psicologia Social pelo Instituto de Psicologia da Universidade de São Paulo (IP-USP), mestre em Inclusão Digital pela Fundação Getúlio Vargas (FGV-SP) e pesquisador do Laboratório de Estudos em Psicanálise e Psicologia Social (Lapso-USP), do Centro de Estudos em Administração Pública e Democracia (Apud-Fecap) e do grupo Educação e Docência no Ensino Superior (EDES-Fecap). Professor da Fundação Escola de Comércio Alvares Penteado (Fecap). Foi coordenador do projeto Diversa (www.diversa.org.br) por cinco anos. Autor e coautor de diversos textos sobre inclusão escolar, digital e no trabalho, incluindo "Avanços e desafios na construção de uma sociedade inclusiva" (PUC/Minas).

DEIGLES GIACOMELLI AMARO

Doutora em Didática, Teorias de Ensino e Práticas Escolares pela Faculdade de Educação da Universidade de São Paulo (FE-USP);

mestre em Psicologia Escolar e do Desenvolvimento Humano pelo Instituto de Psicologia da mesma instituição (IP-USP); especializada em Terapia Corporal – Método Terapia Ocupacional Dinâmica – e Saúde Coletiva; e graduada em Terapia Ocupacional e Pedagogia. Tem experiência no atendimento a pessoas com deficiência, suas famílias e comunidade; na coordenação e gestão de serviços voltados a essa população; em assessoria técnica pedagógica; na coordenação de grupos de trabalho. Atua como participante de conselhos e como docente na formação de pessoas nas áreas de educação, desenvolvimento humano, políticas públicas e inclusão social.

EDITH RUBINSTEIN

Mestre em Psicologia Educacional pela Universidade São Marcos, psicopedagoga e terapeuta familiar. Formadora em Programa de Enriquecimento Instrumental (PEI) pelo Centre for the Enhancement of Learning Potential (Icelp-Jerusalém). Coordenadora e docente do Centro de Estudos Seminários de Psicopedagogia. Ex-presidente, sócia-fundadora e membro do conselho nato da Associação Brasileira de Psicopedagogia. Organizadora dos livros: *Psicopedagogia – Uma prática, diferentes estilos* (Casa do Psicólogo, 2012) e *Psicopedagogia: fundamentos para a construção de um estilo* (Casa do Psicólogo, 2014). Autora do livro *O estilo de aprendizagem e a queixa escolar, entre o saber e o conhecer* (Casa do Psicólogo, 2014) e de diversos artigos em revistas.

PATRÍCIA VIEIRA

Pedagoga formada pela Pontifícia Universidade Católica (PUC-SP), psicopedagoga pelo Instituto Sedes Sapientiae, psicanalista e membro efetivo do Departamento Formação em Psicanálise do Instituto Sedes Sapientiae. Consultora de projetos de inclusão escolar. Professora do curso de expansão de inclusão escolar no Instituto Sedes Sapientiae e organizadora do livro *Medicação ou medicalização?* (Primavera Editorial, 2014).

www.gruposummus.com.br

IMPRESSO NA
sumago gráfica editorial ltda
rua itauna, 789   vila maria
02111-031   são paulo   sp
tel e fax 11 **2955 5636**
sumago@sumago.com.br

GRÁFICA
sumago